CHARLES
VERLAG

Martin Schnick

»Entweder die Tapete verschwindet oder ich!«

Kuriose und mysteriöse Todesfälle berühmter Dichter – von Albert Camus bis Stefan Zweig

Schnick, Martin: »Entweder die Tapete verschwindet oder ich!«. Kuriose und mysteriöse Todesfälle berühmter Dichter – von Albert Camus bis Stefan Zweig. Hamburg, Charles Verlag 2020.

1. Auflage 2020
ISBN: 978-3-948486-16-7

Dieses Buch ist auch als eBook erhältlich und kann über den Handel oder den Verlag bezogen werden.
ePub-eBook: ISBN 978-3-948486-18-1

Lektorat: Thomas Pregel, Berlin
Korrektorat: Charles Verlag, Hamburg
Satz: Lilly Pia Seidel, Hamburg
Umschlaggestaltung: © Annelie Lamers

Bibliografische Information der Deutschen Nationalbibliothek:
Die Deutsche Nationalbibliothek verzeichnet diese Publikation in der Deutschen Nationalbibliografie; detaillierte bibliografische Daten sind im Internet über https://dnb.d-nb.de abrufbar.

Der Charles Verlag ist ein Imprint der Bedey Media GmbH, Hermannstal 119k, 22119 Hamburg und Mitglied der Verlags-WG: www.verlags-wg.de

---

www.charlesverlag.de
Gedruckt in Deutschland

Inhaltsverzeichnis

Vom Ende her gesehen – Eine Einleitung

Berühmte Literaten sind selten vom Schlage Thomas Manns, die ihren Beruf gewissenhaft und stetig wie einen „nine to five"-Bürojob ausüben. Ihre Biographien sind geprägt von Brüchen und Lebenskrisen, von Schreibblockaden und Getriebenheit. Einige sind zu Lebzeiten schon angesehen, nicht wenige gelangen erst nach ihrem Tod zu Ruhm. Der Tod ist die unwiderrufliche Zäsur, die zweite Klammer einer Biographie, die erst eine Retrospektive auf das ganze Leben eines Menschen ermöglicht. Seine größte Angst sei es, so gestand einmal der Entertainer Helge Schneider, dass er stürbe und es sei nicht aufgeräumt. Der Tod kommt oft ungefragt und hinterlässt selten ein aufgeräumtes Leben. Und er wirft mehr Fragen auf, als dass er Antworten gibt.

Schriftsteller, so scheint es, leben gefährlich. Nicht wenige von ihnen scheiden früh aus dem Leben. So originell die Werke, so außergewöhnlich der Lebenslauf, so sonderbar sind in vielen Fällen ihre Todesumstände. Stehen gewöhnlich Leben und Werk im Zentrum literaturwissenschaftlicher und biographischer Betrachtungen, wird das Ableben meist nur in wenigen Sätzen rasch skizziert. Aber genau hier wird es oft spannend. Der vorliegende Band spürt den letzten Stunden nach und erhellt die oftmals fragwürdigen Umstände, unter denen große Dichter aus dem Leben geschieden sind. Anhand von Abschiedsbriefen, Krankenakten, Autopsie-Berichten, Testamenten, aber auch auf Basis von Zeitzeugen-Berichten wird eben genau jene letzte Lebensphase ausgeleuchtet.

„Jedes Leben macht sich seinen eigenen Tod", konstatierte einst der Dramatiker Christian Friedrich Hebbel. Der Tod

kommt mal langsam, schleichend daher und zieht sich wie bei Heinrich Heine über Jahre hin, mal biegt er unerwartet um die Ecke wie jenes Auto, das Margaret Mitchell über den Haufen fährt. In seltenen Fällen schlüpft der Tod in die Rolle eines Komikers. So bricht Molière unter dem tosenden Beifall des Publikums in der Rolle des „eingebildeten Kranken" auf der Theaterbühne zusammen und verstirbt Stunden später. Weit häufiger beherrscht der Alte Schnitter das tragische Fach. So gleicht der Tod des russischen Dichters Sergej Jessenin eher einer Szene aus einem Horror-Movie denn einer Komödie: Der 30-jährige Poet öffnet sich zunächst mit einem Messer die Pulsadern, schreibt mit dem eigenen Blut noch ein letztes Gedicht an die Wand, bevor er sich an den Heizungsrohren erhängt.

Bei aller Individualität im Ableben lassen sich die Todesursachen dennoch sieben übergeordneten Kategorien zuordnen.

1. Alkohol- und Drogenkonsum

Whisky sei ein guter Brennstoff, ein gutes Betriebsmittel, um die Hochkonzentrationsphasen durchzustehen, in denen Dichtung und Literatur entstehen, so der Lyriker Durs Grünbein in einem SPIEGEL-Gespräch mit dem Neurowissenschaftler Ernst Pöppel[1]. Was für Grünbein gilt, gilt offenbar für viele Literaten. Seit alters her ist Alkohol eine beliebte Droge, der auch beim kreativen Schaffensprozess eine positive Wirkung zugesprochen wird. Im dionysischen Rausch lassen sich Worte, die sonst nicht zusammengehen wollen, verleimen, lassen sich Sinneseindrücke und Gedanken verdichten und in neuer, ästhetischer Form wiedergebären. Kurz: Wo gedichtet wird, wird auch gesoffen.

Doch so anregend der Rausch, so zerstörerisch die langfristige Wirkung des Alkohols. Und nicht auf wenige Schriftsteller trifft zu, was Heinrich Heine in seinen Memoiren über den Dramatiker Christian Dietrich Grabbe notierte: *„[...] zuletzt mochte er zur Flasche gegriffen haben, wie andre zur Pistole, um dem Jammertum ein Ende zu machen.“*[2]

Ob Joseph Roth, Ferdinand Pessoa oder Gottfried Keller, viele große Literaten gehen am Alkohol zugrunde. Man ist geneigt, Maxim Gorki Recht zu geben: *„Die meisten zeitgenössischen Schriftsteller trinken mehr, als sie schreiben.“*[3] Auch für US-amerikanische Autoren ist Alkohol der Stoff der Stoffe. Angeblich sind 70% aller amerikanischen Literaturnobelpreisträger im 20. Jahrhundert schwere Alkoholiker gewesen.

In gleicher Weise scheinen Dichter von anderen Drogen fasziniert. Sie experimentieren mit allem, was Natur und Chemielabore so hergeben. Während sich Friedrich Schiller noch am Geruch verfaulender Äpfel berauschte, die er stets in seiner Schreibtischschublade aufbewahrte, so beherrschen von der Romantik an neue Drogen die Literaturszene. Drogen- und Rauscherfahrungen mit Haschisch und Opium werden explizit zum Thema: Thomas de Quincey verfasst die „Bekenntnisse eines Opiumessers“ (1822), Charles Baudelaire seine „Künstlichen Paradiese“ (1860). In Paris schließen sich Intellektuelle zusammen zum „Club des Hachichins“. Neben Baudelaire berauschen sich in dem Club auch Théophile Gautier und Gérard de Nerval regelmäßig mit Haschisch. Nur der berüchtigte Absinth ist ähnlich populär. Ende des 19. Jahrhunderts kommt eine neue Droge auf den Markt: Kokain. Die Substanz, eigentlich zur Lokalanästhesie entwickelt, wird auch in Künstlerkreisen wegen der euphorisierenden Wirkung geschätzt. Einer der ersten Anhänger der Droge ist der 28-jährige Sigmund Freud. Dieser schreibt am 2. Juni 1884 an seine Martha:

„Wehe, Prinzeßchen, wenn ich komme. Ich küsse Dich ganz rot und füttere Dich ganz dick, und wenn Du unartig bist,

wirst Du sehen, wer stärker ist, ein kleines, sanftes Mädchen, das nicht ißt, oder ein großer, wilder Mann, der Cocain im Leib hat. In meiner letzten schweren Verstimmung habe ich wieder Coca genommen und mich mit einer Kleinigkeit wunderbar auf die Höhe gehoben. Ich bin eben beschäftigt, für das Loblied auf dieses Zaubermittel Literatur zu sammeln"[4].

Noch im gleichen Jahr erscheint sein medizinischer Aufsatz „Über Coca", in dem er die Substanz nicht nur zur Behandlung von Hysterie, Hypochondrie und Depression empfiehlt, sondern sie auch als probate Substitution für Morphium- und Alkoholabhängige anpreist. Freuds Coca-Hymne, die das Suchtpotenzial völlig unterschätzt, hat ebenfalls ihren Anteil an der raschen Verbreitung. Viele Literaten wie Arthur Conan Doyle und Gottfried Benn haben fortan wie Freud ein Näschen für diese Droge. Einer der interessantesten Romane zu dem Thema hat der Italiener Pitigrilli verfasst, mit dem knappen wie einschlägigen Titel: „Kokain" (1921).

Opiate und Kokain haben in der ersten Hälfte des 20. Jahrhunderts Hochkonjunktur und werden aufgrund der beiden Weltkriege in Massen produziert. So leicht die Drogen zu haben, so hoch die Zahl der Abhängigen. Georg Trakl, Klaus Mann und auch Hans Fallada sind ihr Leben lang schwer morphiumsüchtig.

Mit einer zunehmend restriktiven Drogenpolitik in der Nachkriegszeit ändert sich auch das Konsumverhalten. Während sich die Beatgeneration mittels LSD in surreale Traumwelten katapultiert, werden parallel vermehrt synthetisch erzeugte Tabletten geschluckt. Starke Schlafmittel mit narkotisierender Wirkung wie Veronal oder stimulierende Amphetamine sind sehr beliebt und in hoher Dosis tödlich. Doch auch diese Apotheken-Pillen haben Suchtpotenzial. Tennessee Williams braucht seine tägliche Dosis ebenso wie Kurt Tucholsky oder Ingeborg Bachmann.

2. Krankheiten

Viele Menschen sterben an Krankheiten. Es ist daher nur natürlich, dass etliche Schriftsteller von Tuberkulose (Franz Kafka), Typhus (Georg Büchner) oder Krebs (Heiner Müller) dahingerafft werden. Nicht wenige trifft auch der Schlag (Charles Dickens). Beim empfindlichen Marcel Proust genügte am Ende eine Bronchitis. Das Lazarett der Literatur ist gut gefüllt. Anton Tschechow inspiriert die Klinikatmosphäre kurz vor seinem Ableben noch zu einer Idee für ein Drama, Oscar Wilde konstatiert auf dem Totenlager in einer heruntergekommenen Pariser Absteige, als die beiden Ärzte fürchten, kein Geld mehr zu sehen, dass er wahrscheinlich über seine Verhältnisse versterben werde. Wenig später ist es soweit: *„Entweder die Tapete verschwindet oder ich“*. Es war nicht die Tapete. Wilde starb nach einer schweren Mittelohrentzündung, doch trugen sicherlich auch die Folgen seines Gefängnisaufenthalts in Reading ihren Anteil zum frühen Ableben bei. Einige Schriftsteller ignorieren konsequent ihre Krankheiten und arbeiten bis zum Schluss wie Friedrich Schiller, andere machen ihre Diagnose obsessiv zum literarischen Topos wie der lungenkranke Thomas Bernhard. Auch Geschlechtskrankheiten drehen fröhlich ihre Runden. Viele Dichter infizieren sich mit der Syphilis, die in Deutschland die „französische Krankheit“, in Frankreich – wen wundert's – die „deutsche Krankheit“ genannt wird. Baudelaire, Flaubert, Maupassant, aber auch E.T.A Hoffmann, Grabbe und Heine fallen der Lues zum Opfer. Behandelt wird die damals unheilbare Infektion mangels Alternativen mit hochgiftigem Quecksilber. Doch ob auch Shakespeare und Wilde tatsächlich an der Syphilis gestorben sind, ist mehr als fraglich. Historische Ferndiagnosen stehen meist auf tönernen Füßen. Zugegeben, Geschlechtskrankheiten waren damals mehr noch als heute mit einem Tabu behaftet und wurden häufig und gerne von Autoren und Biographen verschwiegen. Doch scheint sich in jüngster Zeit der Trend geradezu verkehrt zu haben: Heute gibt es kaum mehr einen Autor, dem jüngere Publikationen nicht eine Syphilis-Erkrankung anhängen. Monogamie ist sicherlich nicht die typische Lebensform von Literaten, und Geschlechtskrankheiten waren wahrscheinlich weiter verbreitet als gedacht. Doch geht es offenbar so manch neuer Publikation weniger um wissenschaftliche Aufklärung denn um öffentliche Aufmerksamkeit.

In den 1980er Jahren taucht in den USA eine neue tödliche Infektionskrankheit auf, die zunächst als „Schwulenkrebs", später dann unter dem Namen AIDS für Angst und Schrecken sorgt. Hysterie und Unwissen sind groß, und in den USA debattieren Politiker allen Ernstes über eine Internierung von HIV-Erkrankten. Zu den ersten AIDS-Opfern gehören auch Autoren wie Bruce Chatwin, Harold Brodkey, Hervé Guibert oder der deutsche Schriftsteller Hubert Fichte. Wenig später wird AIDS dann – vor allem in der „gay-literature" – zum Thema.

Neben physischen Erkrankungen gibt es natürlich auch die psychischen. Viele Dichter sind phasenweise depressiv, beziehungsweise manisch-depressiv. Heute spricht man von „bipolaren Störungen". Diese moderne Terminologie beschreibt ein ebenso diffuses wie facettenreiches, pathologisches Krankheitsbild. Doch die Symptome sind seit alters her bekannt, früher sprach man von Schwermut oder Melancholie. Und auch schon antike Gelehrte hatten einen medizinischen Befund und allerlei therapeutische Ratschläge zur Hand. Nach der Lehre der vier Säfte leiden Melancholiker an einem Zuviel von schwarzer Galle. Bei schweren Symptomen raten sie zu kalten Bädern und zu sexueller Enthaltsamkeit, gelten doch gerade Melancholiker als besonders wollüstig. Gleichzeitig erkannte man einen ursächlichen Zusammenhang zwischen Melancholie und literarischer Produktivität. *„Wo ein Mensch in seiner Qual verstummt, gab mir ein Gott zu sagen, wie ich leide“*, legte einst Goethe seinem „Torquato Tasso“ in den Mund. Bei Menschen, bei denen Friede, Freude, Eierkuchen herrscht, ist der Drang, sich literarisch zu betätigen, eher gering. Schwermut scheint eine conditio sine qua non, also der Motivationsgrund nicht nur für Literatur, sondern für fast jede ästhetische Produktion überhaupt.

Desgleichen macht der Wahnsinn vor Genie nicht halt. Immer wieder wird Dichtern eine Schizophrenie attestiert. Schizophrenie meint weniger eine „Persönlichkeitsspaltung“, sondern vereint eine Vielzahl psychischer Störungen wie Realitätsverlust, Angstpsychosen und Wahnvorstellungen. Scheinbar grundlos kommt es zu einer Störung in der Wahrnehmung und im Denken. Auch wenn Affekte abflachen, bleibt die Intelligenz meist unbeeinträchtigt. Anders als bei Nietzsche und Maupassant, deren geistige Umnachtung das Resultat einer Gehirnerweichung nach einer Syphilis-Infektion war, gibt es für die Schizophrenie keine äußeren Ursachen. Die Psychosen treten in unregelmäßigen Schüben auf und treffen den Erkrankten wie seine Umgebung oft aus heiterem Himmel. Als Virginia Woolf einmal mehr fürchtet, innere Stimmen übernähmen wieder die Kontrolle, die sie in den Wahnsinn treiben wollen, bereitet sie ihrem Leben kurzerhand ein Ende. Viele Dichter bevölkern die psychiatrischen Anstalten: Gérard de Nerval, dem die Ärzte eine Theomanie bzw. Dämonomanie bescheinigen, sucht so oft die Anstalt auf, dass er schließlich ein eigenes Zimmer erhält. Sergej Jessenin wird wegen Halluzinationen und Verfolgungswahn behandelt. Auch der junge Jakob van Hoddis wird von seiner Familie für verrückt erklärt. Ärzte attestieren eine „dementia praecox“ (dt. vorzeitige Demenz), und er verbringt die letzten Lebensjahrzehnte in einer Heilanstalt. Sylvia Plath und Ernest Hemingway lassen sich in US-amerikanischen Kliniken wegen ihrer Depressionen mit Elektroschocks therapieren – ohne Erfolg. Auch der morphiumsüchtige Klaus Mann wird schon wenige Tage nach einer Entziehungskur wieder rückfällig. Auffällig oft gehen psychische Erkrankungen mit einer Drogensucht einher. Die Debatte, ob der Drogenkonsum ursächlich oder eine Folgeerscheinung der Schizophrenie ist, ist aus medizinischer Sicht nicht endgültig geklärt. Ein extremes Beispiel für den Wahnsinn findet sich bereits in der frühen Romantik: Ganze 36 Jahre verbringt Hölderlin in geistiger Umnachtung zurückgezogen im Turm. Schon kleinste Veränderungen in der gewohnten Umgebung verstören ihn zutiefst. Pierre Bertaux hingegen behauptet in seiner Hölderlin-Biographie, der Dichter habe die „Reise ins Innere" bewusst angetreten, habe den Wahnsinn bloß vorgetäuscht. Doch stellt sich dann die Frage: Wie „gesund" ist ein Mensch, der vier Jahrzehnte lang konsequent einen Wahnsinnigen spielt?

3. Politische Gewalt

Auf die Frage hin, was er denn lese, antwortet Hamlet lakonisch: *„Wörter, Wörter, Wörter"*. Aber Worte sind mehr als nur Wörter, sind sie doch oftmals ein Sprungbrett für Taten. Zu allen Zeiten fürchten die Mächtigen die Macht der Wörter. Schriften werden zensiert oder indiziert, Schriftsteller eingeschüchtert, ins Zuchthaus gesteckt oder außer Landes vertrieben.

Standen bis zum 17. Jahrhundert Glaubensfragen im Zentrum der Kritik, die der Klerus mittels Inquisition zu bekämpfen suchte, waren im 18. Jahrhundert vor allem die politisch-philosophischen Schriften der Aufklärer gefürchtet. Selbstbewusst forderten diese Natur- und Freiheitsrechte und forderten damit nicht nur die Kirche, sondern auch die absolutistischen Monarchien heraus. Vor allem Satire, die die

Mächtigen bloßstellt und verspottet, trifft die Herrschenden ins Mark. Sie reagieren stets empfindlich, drohen mit Haftstrafen, Folter oder Verbannung. Einiger Freigeister entledigt man sich auch, indem man sie kurzerhand in die Psychiatrie steckt (Marquis de Sade). Später herrscht die Guillotine. Damit sind die Köpfe zwar ab, die Gedanken aber nicht aus der Welt.

Mit der Französischen Revolution weht ein neuer Wind durch Europa. Schiller verlangt *„Gedankenfreiheit"*, der Philosoph Immanuel Kant fordert dazu auf, *„sich seines eigenen Verstandes zu bedienen"*. Die alte europäische Ordnung steht zur Disposition, allerorten formieren sich Geheimbünde. Napoleon verbreitet blutig die neuen Ideen in ganz Europa. Der Code civil prägt auch nach seiner Niederlage in der Völkerschlacht bei Leipzig 1813 die Gesetzgebung in vielen Ländern. Nach den Befreiungskriegen bleibt die intellektuelle Elite gespalten in pro und contra. 1819 wird der reaktionäre Trivialautor August von Kotzebue von dem Burschenschaftler Karl Ludwig Sand ermordet. In Konsequenz wird durch die „Karlsbader Beschlüsse" erneut die Zensur eingeführt. Zwischen den Mahlsteinen von Restauration und Revolution folgt die schwere Geburtsstunde moderner Nationalstaaten. Auch die Literatur wird nach der Epoche der Romantik politischer, ergreift Partei, wie etwa Heinrich Heine für den Aufstand der schlesischen Weber. Charles Dickens schreibt seinen „Oliver Twist" (1838), Victor Hugo lenkt das Augenmerk auf „Die Elenden" (1868). Etliche deutsche Schriftsteller sehen sich nach der gescheiterten Märzrevolution 1848 zum Exil gezwungen. Vor allem Paris wird vielen zum Zufluchtsort.

Während im Fin de Siècle der ermüdete Dandy allmählich abtritt, entsteht im Zuge der aufkommenden Industrialisierung ein neuer Menschentyp: der Proletarier. Eine Entwicklung, die nicht nur in politischen Schriften von Karl Marx, sondern auch in der Literatur ihren realistischen Widerhall findet, sei es in Dostojewskis „Dämonen“(1873), sei es in Zolas „Germinal“ (1885). Der einstige Ästhetizismus mit seinem „l'art pour l'art“-Konzept ist damit endgültig passé. Der Realismus wird zur vorherrschenden literarischen Strömung.

Das 20. Jahrhundert beginnt mit einer Urkatastrophe. Erstmals werden in einem Krieg Panzer und Massenvernichtungswaffen eingesetzt. Hunderttausende Soldaten fallen an der Front. Die traumatischen Erfahrungen des Ersten Weltkriegs prägen eine ganze Generation und werden auch zum bestimmenden Thema in der Literatur, ob heroisch-verklärend geschildert wie in Ernst Jüngers „Unter Stahlgewittern“ (1920) oder drastisch-grotesk wie in Celines „Reise ans Ende der Nacht“ (1932). Einige Schriftsteller werden die Schreckensbilder nicht mehr los und nehmen sich das Leben. Noch vor Ende des Ersten Weltkriegs bricht in Russland 1917 die Oktoberrevolution aus. Das zaristische System wird gestürzt und der Bolschewismus übernimmt die Macht. Im Schatten der Bombenhagel zersplittern auch die Kunstströmungen in vielfältige Ismen: Es entstehen Dadaismus, Expressionismus, Futurismus und Surrealismus. Wenig später sprießen in ganz Europa faschistische Systeme wie Pilze aus dem Boden. In Deutschland kommt Hitler an die Macht, in Italien Mussolini, in Spanien Franco. Federico García Lorca wird 1936 von Franquisten kurzerhand verhaftet und erschossen. In Deutschland werden im Mai 1933 Bücher von den Nationalsozialisten als „entartet“ deklariert und verbrannt. Zahlreiche Schriftsteller sehen sich einmal mehr zum Exil gezwungen. Tausende Menschen werden während des Zweiten Weltkriegs in deutschen KZs ermordet, darunter auch Schriftsteller wie Jakob van Hoddis oder Walter Serner. Die wenigen, die diese Hölle überlebt haben, finden nicht mehr zurück ins Leben und begehen später Selbstmord (Paul

Celan). Auch in Russland werden unzählige Dichter Opfer stalinistischer Säuberungsaktionen, werden ermordet oder landen im Gulag (Alexander Solschenizyn). *„Ein Mensch, ein Problem, kein Mensch, kein Problem"*, so lautet Stalins zynische Devise. Arthur Koestler protokolliert den stalinistischen Terror in seinem Roman „Sonnenfinsternis" (1940). Die nüchterne Bilanz lautet: Die erste Hälfte des 20. Jahrhunderts hat auch in die Literaturgeschichte eine Schneise der Verwüstung geschlagen.

Nach Kriegsende 1945 kommt es schon bald erneut zu Spannungen zwischen dem Westen und dem Ostblock. Es herrscht der Kalte Krieg. In Amerika macht sich eine Kommunismus-Hysterie breit. Unter US-Senator McCarthy geraten auch massenhaft Schriftsteller unter Verdacht, werden überwacht und kommen auf eine Schwarze Liste. Osteuropäische Dissidenten und Schriftsteller, die sich in den Westen absetzen, müssen zudem um ihr Leben fürchten. So wird der bulgarische Schriftsteller Georgi Markow 1978 in London Opfer des spektakulären Regenschirm-Attentats. Desgleichen geben sich lateinamerikanische Diktatoren im Umgang mit Regimekritikern wenig zimperlich. Ob der chilenische Dichter Pablo Neruda einem Krebsleiden erlag oder im Auftrag Pinochets vergiftet wurde, ist bis heute nicht eindeutig geklärt.

Nach wie vor fürchten autoritäre Regime die Macht des Wortes. Ob in China, Russland oder in islamischen Staaten, Schriften werden zensiert, Publikationen verboten, Dichter an Leib und Leben bedroht. In Weißrussland sind nur wenige Schriften der Literaturnobelpreisträgerin Swetlana Alexijewitsch erhältlich, in Saudi-Arabien wird der Schriftsteller Ashraf Fayadh mit Peitschenhieben öffentlich gefoltert, seit vielen Jahren muss der britische Autor Salman Rushdie wegen einer Fatwa um sein Leben fürchten. Willkommen im 21. Jahrhundert!

4. Private Gewalt

Auch im Dickicht zwischenmenschlicher Beziehungen werden Dichter immer wieder in Gewalttaten verwickelt. Lange Zeit steht die persönliche Ehre hoch im Kurs, und schon kleinste Beleidigungen zeitigen fatale Folgen. Das Duell gilt über Jahrhunderte als das probate Mittel, um Satisfaktion zu erlangen. Viele Dichter duellieren sich, so Alexandre Dumas, Victor Hugo, Heinrich Heine und Leo Tolstoi. Und der in Liebesdingen sehr umtriebige Giacomo Casanova sieht sich zeitlebens gleich fünf Mal zum Duell gefordert. Die Bedingungen für die privaten Scharmützel werden oftmals vorab in einem Duellvertrag so ausgehandelt, dass schwere Verletzungen auszuschließen sind. Die meisten Auseinandersetzungen verlaufen glimpflich. Für Alexander Puschkin jedoch endet im Jahr 1837 der Schusswechsel mit seinem Widersacher Baron D'Anthès tödlich.

Halbwegs glimpflich kommt im Jahr 1873 Arthur Rimbaud davon, als der betrunkene Verlaine zwei Pistolenschüsse auf ihn abfeuert. Rimbaud wird nur leicht an der Hand verwundet, Verlaine jedoch zu zwei Jahren Zuchthaus verdonnert.

Anders als erhofft endet für Hans Fallada der Plan, freiwillig aus dem Leben zu scheiden. Im Jahr 1910 sucht der 17-jährige Gymnasiast gemeinsam mit seinem Freund Hanns Dietrich von Necker den Tod. Beide wollen sich gegenseitig in einem Duell erschießen. Necker stirbt, Fallada überlebt schwer verletzt und wird anschließend in die Psychiatrie eingewiesen.

Im Mordfall Pasolini aus dem Jahr 1975 deutet zunächst alles auf eine Beziehungstat hin: Der Autor und Filmemacher wird im Streit von einem Stricher niedergeschlagen und anschließend von diesem mit dem Auto überfahren. Doch schon früh melden sich Zweifler und vermuten ein politisches Mordkomplott.

Das Fazit: Auch in Dichterkreisen kommt es häufig zu Beziehungsdramen, doch enden diese – anders als in ihren Romanen und Bühnenstücken – selten letal.

5. Selbstmord, Freitod, Suizid

„Ich scheide freiwillig aus dem Leben und finde es lustig. Der Schlüssel liegt bei der Concierge.“[5] So lautet die kurze Notiz des Objektkünstlers Pierre Molinier, der 1976 Selbstmord beging. Auffällig viele Künstler und Literaten nehmen sich das Leben. Einige tun es freiwillig, anderen scheint dieser Exitus der einzig verbliebene Ausweg. Schon die Wortwahl erfordert eine Entscheidung: Je nach Standpunkt spricht jener von Freitod, ein anderer von Selbstmord. Hierzulande stellt die Selbsttötung, beziehungsweise der Versuch sich umzubringen, keinen Straftatbestand dar, wird also juristisch nicht als „Mord“ gewertet und geahndet. Anders sehen das naturgemäß die monotheistischen Religionen. Allein Gott gibt und nimmt das Leben. Selbst Hand an sich zu legen, ist ein Sakrileg und wird entsprechend sanktioniert. Selbstmörder landen nach christlicher Vorstellung in der Hölle, und eine Bestattung auf einem kirchlichen Friedhof ist ihnen über Jahrhunderte verwehrt. Daher ist vielen Angehörigen daran gelegen, den Selbstmord zu kaschieren, einen natürlichen Sterbegrund vorzuschieben. So geschehen bei Hofrat Adalbert Stifter. Trotz seines Suizidversuchs erhält er die Sterbesakramente und eine kirchliche Bestattung. Und auch den Freunden von Gérard de Nerval gelingt es, den Priester zu überzeugen: Der Selbstmord war eine Tat im Wahnsinn. Nerval wird nach kirchlichem Ritus auf dem Père Lachaise beigesetzt. Für den Schriftsteller und Arzt Georg Büchner geschieht der Selbstmord nicht aus freiem Willen, sondern ist die Folge einer pathologischen Erkrankung. So schreibt er in seinem Aufsatz „Über den Selbstmord“ (1830): *„Der Selbstmörder aus physi-*

schen und psychischen Leiden ist kein Selbstmörder, er ist nur ein an Krankheit Gestorbener."[6] Eine moderne Sichtweise, die sich erst später im Laufe der Zeit durchsetzen wird.

Selbstmord ist ein Symptom, keine Diagnose. Die Motive sind so zahlreich wie die Wahl der Mittel. Die einen erschießen sich (Ernest Hemingway) oder nehmen Tabletten (Klaus Mann), andere gehen ins Wasser (Virginia Woolf) oder drehen den Gashahn auf (Sylvia Plath). Nur wenige schreiten so heiter und gelassen aus dem Leben wie Heinrich von Kleist. Oft geht dem Freitod eine schwere Depression voraus. Hier zeigt sich die Schattenseite der Melancholie, die nicht nur Antriebsfeder für kreative Prozesse ist, sondern auch eine unkontrollierbare, destruktive Kraft entfalten kann. Wenn das „taedium vitae" einen erfasst, erscheinen alle Früchte zu reif. Antriebslosigkeit und Lebensekel lähmen das Leben. Allein die Tatsache zu existieren, wird zur untragbaren Last, oder wie Georg Büchner in seinem Lustspiel „Leonce und Lena" (1836) diesen Zustand auf den Punkt bringt: *„es gibt Menschen, die unglücklich sind, bloß weil sie sind."* Der Freitod wird zum einzig verfolgenswerten Lebensziel.

Natürlich gibt es auch äußere Umstände, die Menschen dazu bringen, freiwillig aus dem Leben zu scheiden: Phobien, Angst vor Krankheiten oder vor dem Alter. Ferdinand Raimund erschießt sich aus Angst vor Tollwut, nachdem ihn ein Hund gebissen hat. Adalbert Stifter, seit Jahren an einer Leberzirrhose erkrankt, sind die Schmerzen am Ende so unerträglich, dass er sich mit einem Rasiermesser die Kehle durchschneidet. Daneben sind nicht selten politische Ereignisse und Kriegserfahrungen Auslöser. Georg Trakl, traumatisiert von den schrecklichen Fronterlebnissen im Ersten Weltkrieg, nimmt sich 1914 mit einer Überdosis Kokain das Leben. In Wien springt 1938 Egon Friedell aus dem Fenster, um seiner Verhaftung durch die SA zu entgehen. Als 1942 Brasiliens Eintritt in den Zweiten Weltkrieg bevorsteht, macht der dorthin ins Exil geflüchtete

Stefan Zweig Schluss. Jean Améry, der die Frage nach dem Freitod in seinem Essay „Hand an sich legen" thematisiert, schluckt 1978 eine Überdosis an Schlaftabletten. Auf seinem Grabstein lässt er sich seine KZ-Nummer aus Auschwitz einmeißeln.

Andere Länder, andere Sitten. In Japan begeht 1970 der Schriftsteller Yukio Mishima nach erfolglosem Putschversuch Seppuku, den ehrenvollen Freitod der Samurais, hierzulande besser bekannt als Harakiri. Der Freitod als Akt der Ehre – ein Motiv, das vornehmlich unter Militärs, Adeligen und Politikern zu finden ist.

Bemerkenswert ist, wie wenig Schriftsteller sich à la Romeo und Julia aus Liebeskummer das Leben nehmen – sei es wegen unerwiderter oder unmöglicher Liebe –, sind doch gerade dies Dauerthemen in der Literaturgeschichte. Aber genau hierin scheint auch der Grund für diesen Sachverhalt zu liegen. Offenbar ist Literatur ein geeignetes Mittel, diese Art Lebenskrisen erfolgreich zu bewältigen. Schreiben zeitigt therapeutische Wirkung. Indem der junge Goethe seine aussichtslose Liebe zur bereits vergebenen Charlotte Buff in „Die Leiden des jungen Werther" (1774) aufarbeitet, indem er Werther statt seiner Selbstmord begehen lässt, überwindet er diese schwere Krise. Dennoch entsteht ein Paradoxon: Was für den Autor gilt, gilt nicht für den Rezipienten. Während Goethe seine Selbstmordfantasien durch das Schreiben des Briefromans bändigt, schürt er diese beim Leser. In ganz Europa nehmen sich viele unglücklich Verliebte nach der Werther-Lektüre das Leben.

6. Unglücksfälle

Als ein Orakel dem griechischen Tragödiendichter Aischylos voraussagt, er werde von einem Haus erschlagen, flieht jener aus der Stadt hinaus aufs freie Feld. Hier wähnt er sich sicher. Doch wie die Mächte des Schicksals spielen, entgleitet einem Adler eine erbeutete Schildkröte aus den Krallen und trifft den Dichter tödlich am Kopf. Auch Schriftsteller sind nicht vor Unglück gefeit. Das gilt von der Antike bis in die Gegenwart. Doch drohen in der Neuzeit weniger Gefahren von Tieren denn von Automobilen. Rolf Dieter Brinkmann, 1975 zu Gast auf einem Poetry Festival in London, blickt vor Überqueren der Fahrbahn in die gewohnte, in England aber falsche Richtung und wird von einer schwarzen Limousine überfahren. Der Chauffeur von Italo Svevo setzt 1928 das Fahrzeug gegen einen Baum. Zwei Tage später ist der italienische Dichter tot. An einem Baum endet auch das Leben des Beifahrers Albert Camus. Am Steuer des PS-starken Sportwagens saß sein Freund Michel Gallimard. Kein Wunder also, dass es Menschen gibt, denen Autofahren nicht geheuer ist. Ödön von Horváth ist so jemand. Trotz Sturm und Regen schlägt er das Angebot, mit dem Auto in sein Pariser Hotel gebracht zu werden, aus und geht lieber zu Fuß. Wenig später wird er unweit der Champs-Élysées von einem herabstürzenden Ast erschlagen (1938). In einem Sturm vor der italienischen Küste kentert im Sommer 1822 die Yacht von Percy Bysshe Shelley. Die Leichname aller Bootsinsassen werden Tage später an den Strand gespült. Im Winter 1912 verunglückt der erst 24-jährige Georg Heym beim Schlittschuhlaufen auf der Havel, als er versucht, seinen im Eis eingebrochenen Freund zu retten. Die österreichische Schriftstellerin Ingeborg Bachmann schläft mit glimmender Zigarette ein und erleidet schwerste Verbrennungen, denen sie später im Krankenhaus in Rom 1973 erliegt. Der Grat zwischen Banalität und Tragik ist oft schmal. So auch bei Tennessee Williams, der den Plastikverschluss seiner Augentropfen verschluckt und daran erstickt.

Eine besonders poetische Variante eines Unfalltodes ereignete sich im Jahr 762 in China. Damals fiel der Dichter Li Tai-Bo aus einem Boot und ertrank, als er im betrunkenen Zustand den sich im Wasser spiegelnden Mond umarmen wollte.

7. Der natürliche Tod

„Mors certa, hora incerta“ – der Tod ist gewiss, ungewiss die Stunde. So wusste schon ein lateinisches Sprichwort mahnend zu vermelden. Und abgesehen von den vielen Dichtern, die durch mehr oder weniger dramatische Umstände viel zu früh aus dem Leben gerissen wurden, gibt es natürlich auch die unzähligen Schriftsteller, denen ein langes Leben beschieden war. So erreichte Umberto Eco wie Victor Hugo das 84. Lebensjahr, Günter Grass brachte es auf 88 Jahre, und Ernst Jünger, der Johannes Heesters unter den Autoren, wurde sogar 102 Jahre alt. Natürlich steht auch hier am Ende eine Todesursache auf dem Totenschein, sei es Alterskrebs, Herzversagen oder Lungenentzündung. Als „natürlichen Tod“ bezeichnen wir daher den Tod, der absehbar eintritt, der also aufgrund des erreichten Alters niemanden mehr wirklich überrascht.

„Es gibt drei Sorten von Menschen“, befand einst Winston Churchill, *„solche, die sich zu Tode sorgen; solche, die sich zu Tode arbeiten; und solche, die sich zu Tode langweilen.“*[7]

Johann Wolfgang von Goethe bildet einmal mehr die Ausnahme. Er steht in diesem Band stellvertretend für alle Dichter, die eines natürlichen Todes verschieden sind. Er hat sich weder zu Tode gesorgt noch zu Tode gearbeitet oder gelangweilt. Auch im Ableben hat er einmal mehr allen gezeigt, wie es richtig geht: Geistesgegenwärtig bis zum Schluss haucht der 82-Jährige, im Lehnstuhl sitzend, im Kreise seiner Familie und Freunde friedlich seinen letzten Odem aus: „Mehr nicht!“

8. Todeskult …

Als Anton Tschechow zu Grabe getragen wird, wundern sich die Trauernden darüber, dass eine Kapelle Marschmusik aufspielt. Erst auf dem Friedhof stellt die Tschechow-Trauergemeinde entsetzt fest: Sie ist einem falschen Sarg gefolgt. Im Eisenbahnwaggon wurde mit Tschechow zeitgleich auch der Leichnam eines Generals überführt. Nicht alle Beerdigungen verlaufen nach Plan: Joseph Roth, der die Grabrede auf den verstorbenen Ödön von Horváth hält, ist so betrunken, dass er in die ausgehobene Grube fällt. Auf seiner eigenen Beerdigung ein Jahr später kommt es zu tumultartigen Szenen zwischen Juden, Kommunisten und Monarchisten. Viele große Dichter werden in einem Staatsakt unter die Erde gebracht, bei Wladimir Majakowski säumen sogar 150.000 Menschen die Straßen. Andere wiederum werden in aller Stille beigesetzt, sei es aus politischen Gründen, um einen Aufruhr zu vermeiden wie bei Puschkin, sei es, weil sie im Exil verstorben sind wie Zweig. Einige sind am Ende schlicht vereinsamt: Zur Beerdigung von Klaus Mann in Cannes ist von seiner Familie allein sein Bruder Michael anwesend. Dem Sarg von Rimbaud folgen nur zwei schwarz gekleidete Frauen: seine Mutter und seine Schwester. Wieder andere bleiben ohne Grab, stürzen mit dem Flugzeug über dem Meer ab wie St. Exupéry, werden anonym im Massengrab verscharrt wie Lorca oder vermutlich vergast und verbrannt wie van Hoddis.

Kaum ist der Tote unter der Erde, beginnen oberirdisch die Streitigkeiten. Da geht es in Dichterkreisen nicht anders zu als in stinknormalen Familien. Gestritten wird um Gebeine, um Testament und Erbe, um den Nachlass. Bei den Hemingways klagen die Kinder aus vier Ehen auf ihren Anteil. Keine leichte Aufgabe für die Gerichte, hier die Übersicht zu behalten. Überdies geht es auch kruder: Der Neffe von Erich Friedell bezichtigt die alleinerbende Witwe, sie trüge Mitschuld am Tod, erfindet sogar einen Mordvorwurf, um an das Erbe zu kommen. Neben dem Vermögen sind die Rechte an den Werken häufig Ausgangspunkt für Zwistigkeiten. Während die Brecht-Erben posthum auf strikte Werktreue bestehen und damit ganze Generationen von Theaterregisseuren in die

Verzweiflung treiben, möchte Leo Tolstoi sein Werk am liebsten zum Allgemeingut erklären. Zum Schrecken seiner Gattin Sofia, die eine ganze „Kelly Family" durchzufüttern hat. Ganz anders Thomas Bernhard. Dieser verfügt in seinem Testament ein striktes Aufführungs- und Publikationsverbot, an das sich schon wenige Jahre später aber in Österreich niemand mehr gebunden fühlt. Skandalös finden nicht wenige auch das Verhalten der „Horváth-Witwe". Die Gattin des Bruders – nicht des Schriftstellers wohlgemerkt! – erwirkt für ihren berühmten Schwager, den sie persönlich niemals kennengelernt hat, in Wien ein Ehrengrab. Dieses Ehrengrab wird zugleich zum Familiengrab umgemünzt, und sie liegt jetzt selbst mit drin. Überhaupt werden im Laufe der Zeit ziemlich viele Dichtergebeine umgetopft. Als beim toten Oscar Wilde die Tantiemen wieder sprudeln, lässt Nachlassverwalter Robert Ross ihn auf den Père Lachaise überführen, wo über seinen sterblichen Überresten zudem ein pompöses Denkmal errichtet wird. Den ganz Großen wie Émile Zola, Victor Hugo und Voltaire ist zudem ein Platz im Pantheon reserviert. Als Albert Camus im Jahr 2009 ebenfalls in diesem illustren Kreis seine letzte Ruhe finden sollte, stellte sich sein Sohn jedoch quer. Überhaupt scheint es eine Crux mit den Gebeinen: Knochen werden gestohlen oder verschwinden. Nur selten findet sich ein reuiger Dieb, der die anatomischen Reliquien wieder herausrückt wie im Fall Raimund. Wo Schillers Gebeine verblieben sind, ist bis heute ein Rätsel.

All dessen ungeachtet erweisen Verehrer und Fans ihren toten Idolen ihre Aufwartung. Grabmäler werden zu Kultstätten, und ab und an kommt es zu eigenartigen Ritualen: Über Jahrzehnte taucht zu Poes Geburtstag an dessen Grab in Baltimore der sogenannte Poe-Toaster auf. Der unbekannte Vermummte trinkt einen Cognac und legt anschließend drei Rosen nieder. Auch die Grabplatte von Hemingway in Ketchum gleicht phasenweise einem Altglas-Container für leere Whiskyflaschen. In Dublin wiederum begehen viele Menschen jeweils am 16. Juni den „Bloomsday" und erinnern damit an Leopold Bloom, dem Protagonisten aus Joyces monumentalem „Ulysses".

Der Friedhof mit der größten Promi-Dichte ist ohne Frage der Pariser Père Lachaise. Täglich ziehen scharenweise Touristen mit einem Faltplan bewaffnet, auf dem die Gräber der berühmten Toten verzeichnet sind, über die großflächige Nekropole. Sie legen für Maria Callas, Molière, Balzac & Co Blumen, Gedichte und Präsente nieder und verharren andächtig vor der letzten Ruhestätte. Während es am Grab des The Doors-Sängers Jim Morrison stets verdächtig nach Marihuana riecht, staunten die Besucher eines Tages nicht schlecht, als sie Oscar Wildes Grabmonument, eine männliche Sphinx, rundherum bedeckt mit tausend roten Kussmündern vorfanden.

Zahlreiche Dichter werden posthum geehrt – Monumente werden errichtet, öffentliche Plätze, Straßen und Institutionen nach ihnen benannt. So ist es in Deutschland das Goethe-Institut, mit dem es im Ausland seine Kultur repräsentiert. Aber nüchtern betrachtet: Ob den Lebenden immer bewusst ist, nach welchem Alkohol- oder Drogensüchtigen – respektive Geschlechtskranken oder Selbstmörder – ihre Straße oder Schule benannt ist, darf bezweifelt werden.

... und Arbeit am Mythos

Schiller, Tolstoi, Zola – zahlreiche Dichter sind schon zu Lebzeiten berühmt. Einige gelangen erst nach dem Tod zu Ruhm wie Kleist, Poe und Rimbaud. Bei anderen wiederum droht mit den Zeitläuften der einstige Ruhm zu verblassen (Kotzebue, Müller). Mit dem Tod endet in der Regel auch jede Möglichkeit der Einflussnahme auf das eigene Opus. Und nicht wenige Schriften werden erst posthum veröffentlicht. Jedoch nicht immer in der gewünschten Form. Einige Werke bleiben Fragment wie Büchners Bühnenstück „Woyzeck" oder Camus' Roman „Der erste Mensch". Andere werden zensiert und bearbeitet. Aus Falladas posthum erschienenem Roman „Jeder stirbt für sich allein" werden viele obszöne und politisch nicht gewünschte Passagen gestrichen. Erst ein halbes Jahrhundert später erscheint im Jahr 2011 die Originalfassung. Oftmals sind es jedoch nahestehende Verwandte, die als erste versuchen, die moralische Deutungshoheit über „Leben und Werk" zu gewinnen. So besteht der Vater von Georg Heym bei Erscheinen eines Novellenbandes auf ein Vorwort, in dem er explizit auf den tadellosen Charakter seines Sohnes hinweist. Auf Anraten eines Freundes verzichtet er schlussendlich aber auf den Abdruck. Auch Rimbauds Schwester Isabelle zeichnet posthum ein so gänzlich anderes Bild ihres Bruders als jenes, das uns Zeitgenossen und Freunde übermitteln. Skandalöses, wie die homosexuelle Beziehung zum verheirateten Verlaine, wird von ihr bagatellisiert oder ausgeblendet, von moralisch zweifelhaften Gedichten habe sich Rimbaud angeblich später distanziert. Alles in allem skizziert die streng katholische Schwester das Bild eines tugendhaften Menschen. Und ihre Darstellung krönt sie mit Rimbauds Übertritt zum Katholizismus. Isabelle ist die einzige Zeitzeugin im letzten Lebensjahr des Dichters, und nicht wenige Exegeten hegen Zweifel an ihrem Bericht über die Konversion auf dem Sterbebett. Eine andere Variante vom Ableben ihres Mannes liefert zunächst auch Hemingways Gattin Mary. Sie spricht von einem Unfall, ein Schuss habe sich beim Reinigen der Waffe gelöst. Erst ein Jahr später gesteht sie: Es war Selbstmord.

Während Goethe sein eigenes Leben und Werk in seiner Autobiographie „Dichtung und Wahrheit" noch höchstpersönlich ins rechte Licht rücken konnte, übernehmen dies für viele verstorbene Dichter ihnen unbekannte Biographen. Nicht selten wird dabei dramatisiert, werden Ereignisse umgedeutet, Dinge hinzugedichtet, während Nachteiliges oder Fehlverhalten unter den Tisch fällt. Auch werden historische Fakten und Werke immer wieder politisch instrumentalisiert oder im (eigenwilligen) Sinne des Biographen interpretiert. Kurz: Die Schlacht um die Deutungshoheit ist eröffnet. In vielen Fällen werfen posthume Enthüllungen ein neues Schlaglicht auf (Ab-)Leben und Werk, und schon kurz nach dem Tod treten Verschwörungstheoretiker auf den Plan, die eine Selbsttötung bezweifeln oder Autopsie- und Unfallberichten misstrauen. Wurde der Wagen, in dem Albert Camus saß, von KGB-Agenten manipuliert? Ist Kurt Tucholsky in Schweden von einer Nazi-Feme vergiftet worden? Wurde Jörg Fauser entführt und auf der Autobahn vor einen LKW geworfen? Und was ist mit Walt Disney? Liegt dieser womöglich schockgefroren unter dem Disneyland und wartet auf seine Wiederkehr?

Prozesse werden angestrengt, Todesfälle von der Staatsanwaltschaft erneut untersucht, Leichen exhumiert. Doch die Ergebnisse sind oft mau, vor allem bei vermeintlich politisch motivierten Taten. Der Mord an Pasolini ist bis heute nicht aufgeklärt, die Mörder von Markow nicht überführt und verurteilt. Im Fall von Neruda kommen nach seiner Exhumierung zwei unterschiedliche Expertengruppen zu zwei unterschiedlichen Ergebnissen. Nicht anders geht es zu bei posthumen medizinischen Analysen zu. Im Platzkonzert der professionellen Meinungen werden Krankheiten nachgewiesen und kurz darauf von anderen Experten wieder verworfen. Das staunende Publikum ist auch in diesen Fällen herzlich eingeladen, sich an den wilden Spekulationen nach Lust und Laune zu beteiligen.

Viele Dichtertode sind so spektakulär, skurril oder mysteriös, dass sie ihrerseits zu Literatur werden. Schon Goethe erinnert „Bei Betrachtung von Schillers Schädel" in Tradition barocker Vanitas-Gedichte an die Vergänglichkeit alles Seins, nicht ahnend, dass sein eigener Tod Thomas Bernhard gut 150 Jahre später zu der humoresken Erzählung „Goethe schtirbt!" animiert. In einem Gedicht verurteilt Majakowski aufs Schärfste den Selbstmord von Jessenin, was ihn freilich nicht daran hindert, sich später ebenfalls das Leben zu nehmen. Während Adolf Muschg dem tragischen Tod des Hypochonders Raimund in seiner Erzählung „Ihr Herr Bruder" eine neue Bedeutung zumisst, ehrt T.C. Boyle den Godfather der Beatgeneration Jack Kerouac in dem ihm eigenen Schreibstil („Beat"). Peter Turrini schlägt sich lustvoll mit „Horváths Gebeinen" herum, und Tankred Dorst setzt nicht nur Heine im Bühnenstück „Harrys Kopf" ein fantasievolles Denkmal, er schreibt zudem das Drehbuch zu einem Film über den Kotzebue-Mörder Karl Ludwig Sand.

Auch Hollywood verfilmt nicht nur unzählige literarische Stoffe, sondern nimmt sich ebenfalls vieler Künstlerbiographien an. So kommen von Shakespeare über Tolstoi bis Mishima etliche Dichterleben auf die Leinwand. Jedoch goutiert Hollywood den öffentlichen Geschmack, und exaltierte Lebensläufe werden allzu oft in die Watte der Prüderie gepackt.

Den eigenen Nachruf haben einige Dichter wohlweislich schon selbst verfasst. Während Egon Friedell sein eigenes Ableben in einer fingierten Pressemitteilung verkündet, ist sich Kurt Tucholsky sicher, sein Nachruf werde aus nur einer Silbe bestehen: *„Ach!"*[8]

Rabiater verfährt der noch unter den Lebenden weilende Michel Houellebecq. In seinem Roman „Karte und Gebiet" (2010) macht er sich nicht nur selbst zum Protagonisten, sondern er schildert auch seinen gewaltsamen Tod. Der Dichter wird enthauptet, mit einem Laser-Messer zerstückelt und die Leichenteile anschließend in der Art eines modernen Kunstwerks auf dem Teppich drapiert. Ob Michel Houellebecq, dem nicht wenige Kritiker visionäre Fähigkeiten unterstellen, im Falle seines eigenen Ablebens recht behalten wird? Die Zukunft wird es zeigen.

Mo 4. Januar 1960 – Albert Camus

Die Absurdität der Existenz, der Mensch in der Revolte, das mediterrane Lebensgefühl – das sind seine Themen. Albert Camus zählt zu den bedeutendsten Vertretern des französischen Existenzialismus und erhielt 1957 den Nobelpreis für sein publizistisches Gesamtwerk. Er veröffentlichte Romane („Der Fremde"), philosophische Schriften („Der Mythos des Sisyphos") und Bühnenstücke („Caligula").

---

* 07.11.1913 in Mondovi, Algerien
\+ 04.01. 1960 in Villeblevin, Frankreich
Begraben in Lourmarin, Frankreich

Einfach absurd – oder doch KGB-Werk?

Montag, der 4. Januar, ist ein frostiger Wintertag. Eigentlich hat Albert Camus das Zugticket schon in der Tasche. Die Weihnachtsfeiertage hatte der Autor mit seiner Familie in der Provence verbracht. Frau und Kinder waren bereits einige Tage zuvor abgereist. Er selbst will nun folgen und von Lourmarin aus mit dem Zug nach Paris zurückkehren. Aber dann lässt er sich doch noch von seinem Freund Michel Gallimard, einem Enkel seines Verlegers Gaston Gallimard, überreden. Michel Gallimard ist stolzer Besitzer eines rasanten Sportwagens, eines 355 PS starken Facel Vega, von denen nur wenige Exemplare gebaut wurden. Camus ist eigentlich kein Freund schneller Autos. Er selbst fährt nur einen einfachen Citroën. Gemeinsam mit Gallimards Frau Janine und deren Tochter Anne macht man sich am frühen Nachmittag gegen 14:00 Uhr auf den Weg nach Paris. Camus nimmt auf dem Beifahrersitz Platz, zwischen seinen Beinen die Aktentasche aus Leder geklemmt, darin das Manuskript eines neuen Romans, an dem er gerade arbeitet. Kurz darauf, auf der Nationalstraße 6 in der Nähe des Örtchens Villeblevin, gerät der Sportwagen auf schnurgerader, aber eisiger Fahrbahn ins Schleudern und prallt zunächst mit voller Wucht gegen einen Baum, dann gegen einen zweiten. Albert Camus ist sofort tot, Gallimard erliegt einige Tage später seinen Verletzungen. Frau und Tochter, die hinten saßen, bleiben hingegen unverletzt. Gallimards Hündchen Floc nimmt Reißaus und wird nicht wieder gesehen.

Camus, der 1957 den Literatur-Nobelpreis zugesprochen bekam, ist zu jener Zeit weltberühmt. Daher findet sein Tod große Beachtung in den Medien. Zur Unglücksursache bieten die damaligen Zeitungen ein breites Spektrum an Hypothesen. Die einen halten eine überhöhte Geschwindigkeit für ursächlich (die Sprache ist von über 180 km/h), andere Blätter vermuten einen Fahrfehler, wieder andere spekulieren über einen epileptischen Anfall des Fahrers, der das Unglück ausgelöst haben könnte. Oder wollte Gallimard nur einem streunenden Hund ausweichen? Die Theorie, dass ein geplatzter Reifen zu dem tragischen Unfall führte, setzt sich durch und gilt lange Zeit als die wahrscheinlichste. Camus ist gerade einmal 46 Jahre alt geworden, und viele Fans sehen in diesem tragischen Ende eine Entsprechung zu seiner philosophischen Theorie vom Absurden der Existenz. Dieser Tod erscheint ihnen ebenso absurd wie die Kurzschlusshandlung seines Protagonisten aus „Der Fremde“ (1942), der offenbar völlig grundlos am Strand von Algier einen Araber niederschießt. Oder wie die mythische Gestalt des Sisyphos, die auf ewig einen Stein den Hügel hinaufschiebt, bevor dieser ihr kurz vor Erreichen des Gipfels abermals in die Tiefe entgleitet. So schreibt Camus in seinem Essay „Der Mythos des Sisyphos" (1942):

„Das Gefühl der Absurdität kann einen beliebigen Menschen an einer beliebigen Straßenecke anspringen. Es ist in seiner trostlosen Nacktheit in seinem glanzlosen Licht nicht zu fassen."[9]

Dann das! Ein halbes Jahrhundert später spekuliert die italienische Tageszeitung Corriere della Serra im August 2011: Wurde Camus im Auftrag des KGB ermordet? Diese These vertritt zumindest der italienische Intellektuelle Giovanni Catelli. Jener will entsprechende Hinweise in den posthum erschienenen Tagebuchaufzeichnungen des tschechischen Dichters und Übersetzers Jan Zabrána gefunden haben, der bereits 1984 verstarb. Darin heißt es an einer Stelle:

„Ich hörte etwas sehr Seltsames aus dem Munde eines Mannes, der sehr gut informierte Quellen hatte. Ihm zufolge wurde der Unfall, der 1960 Albert Camus das Leben kostete, von sowjetischen Spionen organisiert. Sie beschädigten einen Reifen des Wagens, indem sie ein speziell angefertigtes Gerät benutzten, das bei hohem Tempo in den Reifen schnitt oder ihn durchlöcherte."[10]

Den Befehl zum Sabotageakt soll der damalige sowjetische Außenminister Dmitri Schepilow persönlich gegeben haben. Camus hatte diesen 1957 in einem Artikel für die Zeitschrift Franc-Tireur für die blutige Niederschlagung des Ungarnaufstandes verantwortlich gemacht und von einem „Schepilow-Massaker" gesprochen. Überhaupt ging der Nobelpreisträger – anders als Jean-Paul Sartre – immer wieder auf kritische Distanz zu den kommunistischen Regimen und bezog klar Position für Dissidenten und Freiheitsrechtler. Es gibt also durchaus gute Gründe, die die KGB-These zu stützen scheinen. Dagegen spricht allerdings, dass sich Camus am 4. Januar 1960 kurzfristig für die Fahrt mit dem Auto entschieden hat, Agenten also kaum Zeit für Planung und Umsetzung gehabt hätten. Zudem handelte es sich bei dem Facel Vega um den Wagen von Gallimard, der nicht im Visier der Agenten stand. Wenn man Camus hätte liquidieren wollen, hätte der KGB sicher einen besseren Moment finden können. Dennoch bleiben die wahren Umstände des Todes bis heute ungeklärt. Immerhin wurde das unvollendete Manuskript, das sich in Camus' Aktentasche befand, 1994 dann doch noch posthum veröffentlicht: „Der erste Mensch", sein wohl autobiographischster Roman über seine Kindheit in ärmlichen Verhältnissen in Algerien, über den abwesenden Vater und die ungebildete Mutter. Erschienen ist das mediterrane Fragment natürlich bei Gallimard.

Als 2009 der damalige französische Staatspräsident Nicolas Sarkozy eine Überführung der sterblichen Überreste des Schriftstellers ins Pantheon einleiten wollte, scheiterte das Vorhaben am Widerspruch des Sohnes Jean Camus. Dieser befürchtete eine politische Instrumentalisierung und winkte ab. Und so liegt Albert Camus bis heute in dem kleinen Provinzstädtchen Lourmarin begraben, unter einem schlichten Stein, auf dem lediglich sein Name und zwei Jahreszahlen eingraviert sind.

Di 16. Januar 1912 – Georg Heym

„Der Lyriker und Novellist wäre vielleicht einer der größten Dichter Deutschlands geworden, jedenfalls des zwanzigsten Jahrhunderts. Seine Poesie, die Formstrenge mit verblüffendem Bilderreichtum und kühnen Visionen verbindet, zeichnet sich durch eine unvergleichliche, ekstatisch-dämonische Aura aus und hat in hohem Maße die Vorstellung vom deutschen Expressionismus geprägt.“ – **Marcel Reich-Ranicki**[11]

---

* 30.10.1887 in Hirschberg, Schlesien
+ 16.01.1912 Kladow bei Berlin
Das Grab auf dem Friedhof der Luisengemeinde in Berlin-Charlottenburg wurde 1942 eingeebnet.

Unter Eis

Am Dienstag, den 16. Januar, sind der 24-jährige Georg Heym und der um ein Jahr ältere Ernst Balcke zum gemeinsamen Schlittschuhlaufen auf dem Wannsee verabredet. Der See ist komplett zugefroren, und auch heute herrschen Temperaturen von minus 13° Celsius. Alles in allem ideale Bedingungen zum Eislaufen. Die beiden Söhne aus gutbürgerlichem Haus haben sich bereits 1904 im Tennisclub Blau-Weiß kennen gelernt und Freundschaft geschlossen. Heym hat gerade erst sein Jurastudium erfolgreich beendet und ist auch als Dichter schon eine kleine Berühmtheit. 1911 erschien bei Rowohlt ein erster Lyrikband, „Der ewige Tag“. Heym ist ungestüm, will mal Konsul in China, mal Reiter-Leutnant, mal Terrorist werden. Anfang Januar 1912 hat er sich als Fahnenjunker in der

Garnison von Metz beworben. Den positiven Bescheid vom 5. Februar wird er nicht mehr in den Händen halten.

Wiederholt klagt Heym in seinen Tagebüchern über die Bedeutungslosigkeit des Daseins, darüber, dass nichts passiert, über überbordende Langweile. Er sehnt sich nach Abenteuer, Krieg, Apokalypse:

„Es ist immer das gleiche, so langweilig, langweilig, langweilig. Es geschieht nichts, nichts, nichts. Wenn doch einmal etwas geschehen wollte, was nicht diesen faden Geschmack von Alltäglichkeit hinterlässt. Wenn ich mich frage, warum ich bis jetzt gelebt habe, ich wüsste keine Antwort. [...] Geschähe doch einmal etwas. Würden einmal wieder Barrikaden gebaut. Ich wäre der erste, der sich darauf stellte, ich wollte noch mit einer Kugel im Herzen den Rausch der Begeisterung spüren.“[12]

Heym ist ein Heißsporn. An einem heißen Sommertag springt er angezogen in den Wannsee, umschwimmt einen Ausflugsdampfer und feuert dabei noch Pistolenschüsse ab. Logisch, dass die beiden Freunde an diesem Wintertag mit ihren Schlittschuhen jenseits der Menschenmassen und der mit Fahnen abgesteckten Routen hinaus in Richtung Havel laufen. Auf der Höhe des Örtchens Kladow ereignet sich das Unglück. Bankierssohn Balcke übersieht ein ins Eis gehauenes Loch, das man für Wasservögel geschlagen hat. Er stürzt, schlägt sich an der Eiskante den Kopf auf und versinkt anschließend in den Fluten. Georg Heym eilt seinem Freund zu Hilfe, will ihn retten und bricht selbst ins Eis ein. Hilferufend und mit bereits blutig aufgerissenen Händen versucht er, sich aus eigener Kraft aus dem eisigen Wasser zu retten – erfolglos.

Als Balcke am Abend nicht nach Hause kommt, macht sich sein Bruder Rudolf mit einem Freund auf die Suche, die sie wegen einbrechender Dunkelheit am nächsten Tag fortsetzen. Am Nachmittag des 17. Januars finden sie schließlich die verschneiten Handschuhe und die Mütze von Heym sowie den Eisstock, den sich Ernst für den Ausflug von seinem Bruder ausgeliehen hat. Wenige Meter weiter stoßen sie auf die gefährliche Einbruchstelle. Doch von den beiden Freunde keine Spur – sie bleiben unter dem Eis verschollen. Auf dem Rückweg treffen sie im Grunewald Waldarbeiter, die tags zuvor die gellenden Hilferufe zwar gehört, aber nicht haben helfen können. Die Leichen werden erst später aufgefunden – die von Heym am 20. Januar, Balckes Leichnam sogar erst am 6. Februar. Rudolf Balcke ist dabei, als der tote Heym vom Havelgrund geborgen wird: *„Die Beine verkrampft und an den Leib gezogen, an den Füßen die Rennschlittschuhe. Seine zerkratzten, aufgerissenen Hände zeugen vom wilden Kampf mit den scharfen Bruchkanten des Eises, als er versuchte, aus dem todeskalten Wasser herauszukommen. Das Gesicht erscheint verzerrt zu einer schauerlichen Grimasse.“*[13] Anschließend wird Heyms Leichnam zunächst auf dem Selbstmörderfriedhof in Grunewald aufgebahrt, neben der zerstückelten Leiche eines jungen Handelsgehilfen, der sich vor einen Zug geworfen hatte und dem kopflosen, aufgedunsenen Leichnam eines achtzehnjährigen Malergehilfen. Es ist just jener schauriger Ort, der Heym drei Jahre zuvor zu seinem Gedicht „De profundis“ inspirierte:

> *Auf den versunkenen Hügeln die Sträucher schwanken.*
> *In ihr Wurzelgeflecht bissen sie mit den Zähnen.*
> *Und sie trinken den Saft und im Sarg sie sich dehnen*
> *hoch empor, dass die morschen Gefuge wanken.*[14]

Mit den neuartigen Gedichten des Sohnes wussten die konservativen Eltern nichts anzufangen. Der *„schweinerne Vater“*, ein Militäranwalt, hielt gar nichts von dieser Art Lyrik, und seiner verständnislosen Mutter musste das *„Georgel“* versprechen, fortan *„edle und zarte Gedichte“* zu schreiben[15].

Schon kurz nach Heyms Beerdigung am 24. Januar auf dem Luisenfriedhof in Charlottenburg spricht der damals ebenfalls erst 24-jährige Verleger Ernst Rowohlt bei den Eltern vor. Er hatte bereits mit Heym die Veröffentlichung eines Novellenbandes vereinbart und fürchtete, die Eltern könnten den Nachlass vernichten. Was die Herausgabe des Nachlasses anbelangt, stößt Rowohlt bei dem Militärjuristen auf Granit. Und für den geplanten Novellenband „Der Dieb" erbittet sich jener ein Vorwort:

„Die Veröffentlichung erfolgt aufgrund der von Georg Heym mit dem Verlage Ernst Rowohlt geschlossenen, für die Eltern verbindlichen Verträge. Seine Eltern sprechen den Wunsch aus: Der Leser wolle sich ein Bild von der Persönlichkeit ihres Sohnes nicht allein aus der Lektüre dieses Bandes entnehmen, sondern sich gegenwärtig halten, dass ihr Sohn – besonders in der letzten Zeit – in der Frage der Lebensanschauungen ihnen wiederholt sein inneres Streben nach Ewigkeitswerten bezeugt hat."[16]

Auf Rat von Freunden verzichtet Vater Heym jedoch später auf die Veröffentlichung der Notiz. Der Nachlass des bedeutendsten Vertreters des Expressionismus, darunter Tagebücher, Träume und Briefe, wird erst ein halbes Jahrhundert später publiziert.

In einer Streitschrift zum 125. Geburtstag von Ernst Balcke im Jahr 2011 bezweifelt der Publizist Eckhardt Ullrich die Version, Heym sei ertrunken, weil er seinen Freund retten wollte. Für ihn ist dies reine Legendenbildung und allein dem Umstand Heyms größerer Berühmtheit geschuldet. Für ihn ist durchaus denkbar, dass Heym zuerst eingebrochen ist und Balcke beim Rettungsversuch des Freundes ums Leben kam. Beweise für diese Version hat Ulrich keine – und steht damit allein auf weiter Flur.

FR 26. JANUAR 1855 – GÉRARD DE NERVAL

Menschen mit Visionen gehen zum Arzt. Oder schreiben Literatur. In der Literaturgeschichte zählt der Franzose Nerval zu den Außenseitern. Seine Zeitgenossen sahen in den surrealen Traumtexten wie „Die Töchter der Flamme" (1854) oder „Aurélia" (1855) nur den Ausdruck seines Wahnsinns. Heute gilt sein Werk als das Wetterleuchten der Moderne. Nerval war zudem ein großer Bewunderer Deutschlands und übersetzte zahlreiche Werke, u.a. von Goethe und Heine, erstmals ins Französische.

---

* 22.05.1808 in Paris, Frankreich

+ 26.01.1855 in Paris, Frankreich

Begraben auf dem Friedhof Père Lachaise in Paris, Frankreich

Die Affäre Rue de la Vielle-Lanterne

Paris im Jahr 1855. Die Rue de la Vieille-Lanterne ist eine verwinkelte, von etlichen Treppenabsätzen unterbrochene Gasse unweit des Seine-Ufers. Zu jener Zeit eine finstere Ecke, in der sich zumeist noch finsterere Gestalten herumtreiben. In dieser abschüssigen Gasse im Marais-Viertel (die es heute nicht mehr gibt) machen Passanten in der Morgendämmerung des 26. Januars einen grausigen Fund: An dem Schild der Schlosserei Bondet hat sich ein Mann erhängt. Er trägt einen schwarzen Anzug, und auf dem Kopf hat er einen schwarzen Hut. Obwohl der Körper noch warm ist, getraut sich niemand, den Erhängten zu berühren. Die Polizei wird gerufen und der Unbekannte auf das nahe gelegene Polizeirevier vom Hôtel-de-Ville gebracht. Zwei Ärzte versuchen noch durch einen Aderlass den Toten ins Leben zurückzuholen. Vergeblich. In den Polizeiakten heißt es:

„An diesem Morgen um halb acht wurde – laut Laurent, Sergent des vierten Arrondissements –, an den Gittern einer Schlosserei in der rue de la Vielle-Lanterne ein Erhängter aufgefunden. Die Person war bereits tot und wurde auf die Wache des Hôtel-de-Ville gebracht; Hilfeleistungen durch zwei Ärzte blieben erfolglos. Er hatte sich mit einer Schnur aus weißem Leinen erhängt; sein Körper hing an dem Leintuch, das um eine Eisenstange geknüpft war; keine Spuren äußerer Gewalteinwirkung am Leichnam.“[17]

Für den Beamten steht die Todesursache fest: *„Suizid durch Erhängen“*[18]. Und nachdem noch am selben Vormittag der Besitzer des „Hôtel de Normandie“ sich gemeldet und den Toten identifiziert hat, ist der Fall abgeschlossen. Freunde sind jedoch irritiert. Wieso hatte Gérard de Nerval noch einen Hut auf – hätte dieser nicht bei einem so gewaltsamen Akt wie dem des Erhängens zu Boden fallen müssen?

Gérard de Nerval ist zwar ein komischer Kauz, aber bei den Schriftstellern in der Pariser Bohème allseits beliebt. Zu seinen Freunden zählen Théophile Gautier, Alexandre Dumas und auch der deutsche Exilant Heinrich Heine. Mit gerade einmal 19 Jahren übersetzt er den „Faust“ kongenial ins Französische. Eine Arbeit, die selbst Goethe in einem Brief würdigt: *„Ich habe mich selbst niemals so gut verstanden wie beim Lesen ihrer Übertragung“*.[19] Doch mit Nervals eigenen Gedichten, Geschichten und Theaterstücken wissen die Freunde nicht allzu viel anzufangen. Diese erscheinen ihnen mindestens ebenso merkwürdig wie eben jener Nerval, der in den Tuilerien-Gärten einen lebendigen Hummer an einer Leine spazieren führt. Für den Dichter ist ein Hummer ebenso normal (oder bescheuert) wie ein Hund. Aber dass Nerval im

Oberstübchen nicht richtig tickt, ist ihm selber klar. Er leidet zunehmend unter Wahnvorstellungen – vermutlich eine Folge seines übermäßigen Haschisch- und Opiumkonsums –, sodass er sich 1841 erstmals in ärztliche Behandlung begibt. Die Diagnose lautet: Theomanie und Dämonomanie. Nerval selbst bringt das Krankheitsbild in seinem Zyklus „Töchter der Flamme" (1854) auf den Punkt:

„Von dem Augenblick an, da ich die Kette all meiner vergangenen Existenzen zu erfassen glaubte, fiel es mir nicht mehr schwer, Fürst, König, Magier, ein Geist oder selbst ein Gott gewesen zu sein."[20]

Nerval glaubt fest an die Reinkarnation, glaubt in früheren Leben mal Napoleon, mal ein Kalif, mal der ägyptischer Totengott Isis gewesen zu sein. Für ihn ist der Schlaf der Bruder des Todes, die Traumwelt die Pforte in eine andere Existenz. Aus derart esoterischen Überzeugungen schöpft er seine Poesie. Seine Freunde hingegen sehen in Gedichten wie „El Desdichado" und in Erzählungen wie „Aurelia" nur einen Beweis für den Wahnsinn, in dem der Dichterkauz immer mehr unterzugehen droht. Doch für nachfolgende Dichter wird Nerval zum Wegbereiter. Ohne ihn kein Baudelaire, kein Symbolismus, kein Surrealismus. Seine traumgeschwängerte Poesie ist das Wetterleuchten, das der modernen Lyrik den Weg weist.

In seinem Leben bereist Nerval viele europäische Länder und auch den Orient. Vor allem der Orient hinterlässt bei ihm einen prägenden Eindruck. In seinem Reisebericht „Une Voyage en Orient" (1851) schildert er diese fremdartige Welt. Zurück in Paris hält er sich mit journalistischen Arbeiten über Wasser und begibt sich immer wieder in psychiatrische Behandlung. So häufig, dass er in der Pariser Anstalt von Passy schließlich sein eigenes Zimmer erhält. Dieses richtet er sich ein mit den Souvenirs seiner Orientreise. Zuletzt ist Nerval mittellos und ohne feste Bleibe. Die letzten Wochen bis zu seinem Tod führt er das Leben eines Clochards und übernachtet in heruntergekommenen Hotels.

Bleibt die Frage nach dem Hut. Kam es in jener Januarnacht an der Seine zu einer Querele mit Clochards, die Nerval am Ende erhängten und ihm anschließend zur Krönung noch den Hut aufsetzten? Möglich, aber doch unwahrscheinlich. Der sanftmütige Nerval, der laut Heine *„keiner Fliege etwas zu leide tun vermochte,*[21] soll in einem Streit mit so entsetzlichem Ausgang verwickelt gewesen sein? Das scheint wenig glaubwürdig – zumal die Gendarmerie Fremdeinwirkungen ausgeschlossen hatte. Also doch die verzweifelte Tat eines Wahnsinnigen? Mit dieser Begründung findet sich ein Priester ab, der trotz des Suizids bereit ist, Gérard de Nerval nach katholischem Ritus zu beerdigen. Begraben liegt der liebenswürdige Spinner und Wegweiser der Moderne auf dem Pariser Friedhof Père Lachaise. Seine Grabstätte verdankt er seinen Freunden Théophile Gautier und Arsène Houssaye, die die Kosten für die Konzession beglichen.

Di 28. Januar 1868 – Adalbert Stifter

Der österreichische Maler und Pädagoge Adalbert Stifter zählt zu den bedeutendsten Schriftstellern des Biedermeier. Thomas Mann schrieb über ihn: *„Stifter ist einer der merkwürdigsten, hintergründigsten, heimlich kühnsten und wunderlich packendsten Erzähler der Weltliteratur. Hinter der stillen, innigen Genauigkeit seiner Naturbetrachtung ist eine Neigung zum Exzessiven, Elementar-Katastrophalen wirksam"*.[22]

---

* 23.10.1805 in Oberplan, Böhmen
\+ 28.01.1868 in Linz, Österreich
Begraben auf dem St. Barbara-Friedhof in Linz, Österreich

Hinter der Idylle lauert der Abgrund

Am 24. Januar 1868 meldet die Linzer Zeitung, Hofrat Adalbert Stifter sei seit Längerem an das Krankenlager gefesselt und man gebe der Hoffnung Ausdruck, dass es der ärztlichen Kunst gelingen möge, baldige Hilfe zu schaffen. Doch die ärztliche Kunst stößt an ihre Grenzen. Der einst leibesfüllige Stifter ist bis zum Skelett abgemagert, hat Fieber und leidet an einer Leberzirrhose. Der jahrelange Alkoholkonsum fordert seinen Tribut. Einem Freund gesteht er einmal, dass *„sein jährlicher Bedarf 8 bis 10 Eimer Tischwein und etwa 40 bis 60 Flaschen feineren Weines"*[23] beträgt. Unterm Strich satte 620 Liter!

In der Nacht auf den 26. Januar 1868 will der 63-jährige Stifter seinem Leiden selbst ein Ende setzen. In einem unbeobachteten Augenblick greift er zum Rasiermesser, das auf dem Nachttisch liegt, und schneidet sich die Kehle auf. Doch Stifter ist im Wahn und matt, ein Kehlkopf nicht so einfach zu durchtrennen. Vielleicht ist auch die Klinge nicht geschärft. Kurz darauf findet Gattin Amalie den schwer blutenden Schriftsteller und ruft umgehend nach einem Arzt. Dieser vernäht die Schnittverletzung, doch Adalbert Stifter kommt nicht wieder zu Bewusstsein. Kein Wort davon in der ansonsten so gut informierten Linzer Zeitung vom 27. Januar: *„Wir vernehmen mit Bedauern, dass in dem Befinden des erkrankten Hofrates Adalbert Stifter leider eine Verschlimmerung eingetreten ist und derselbe mit den heiligen Sterbesakramenten versehen wurde.“*[24]

Tatsächlich hat Domherr Josef Schropp trotz des Suizidversuchs dem Herrn Hofrat die Sterbesakramente und die letzte Ölung gespendet. Einen Tag später, am 28. Januar, verstirbt Adalbert Stifter um 8:00 Uhr früh an einem *„Zehrfieber nach Leberverhärtung“*, wie Dr. Kainzelsberger auf dem „Todten-Beschau-Zettel“ vermerkt[25]. Über den Selbstmordversuch des Schriftstellers wird das Tuch des Schweigens gehüllt. Derartig Unappetitliches über einen Schulrat und Dichter möchte man im Biedermeier den Zeitgenossen dann doch nicht zumuten.

„Treuer Freund!“, schreibt der völlig überraschte Dr. Theodor Pulitzer sieben Jahre nach Stifters Ableben an einen Kollegen, *„Es ist wirklich in ganz Linz unbekannt, dass Stifter sich den Hals aufgeschnitten bevor er gestorben, aber wahr ist es doch. Nach vielem Herumfragen bin ich zum Todenbeschauer Dr. Kainzelsberger gekomen, welcher zwar die Thatsache bestättigte, aber ohne Autopsie, er sagte mir Stifter war schon aufgebahrt, daher er nicht genau untersucht hatte, obwohl er es mündlich erfahren hatte. Nachdem ich den behandelnden Arzt ausfündig gemacht hatte, wurde mir genaue Auskunft gegeben. Dr. Essenwein sagte mir, dass er um 1 Uhr in der Nacht,*

36 Stunden vor dem Tode Stifters, zu ihm gerufen wurde, u hat die aufgeschnittene Stelle zusammengenäht u die Blutung gestillt. Der Schnitt war an und für sich nicht tödtlich, aber der Tod war auch ohne diess im Anzuge und ohne diese Ungeduld von Seite des Kranken wäre der Todt bald erfolgt.“[26]

Ist die Aussage *„der Schnitt war nicht tödlich“* eine Schutzbehauptung, um den Dichter vor einer Brandmarkung als Selbstmörder zu bewahren?

Die Idylle ist sein Geschäft: Zunächst versucht sich der Hauslehrer Adalbert Stifter als Maler, dann wechselt er zur Schriftstellerei. Ihm geht es in der Dichtkunst um ein *„zartes Gewebe von Vernunft und Sitte“*, frei von jeder *„Geschlechtsleidenschaft“*[27]. Nachdem Stifter von seiner Jugendliebe Fanny eine Abfuhr erhalten hat, heiratet er 1837 die dicke, rothaarige Amalie, die sich als zänkisches Weib erweist und großen Wert auf die Anrede mit „Frau Hofrat“ legt. Im Jahr 1847 nimmt das kinderlose Paar die sechsjährige Nichte Juliane auf. Mit neun Jahren läuft das Mädchen das erste Mal davon. Erst zwei Wochen später wird sie entdeckt und zurückgebracht. Anders acht Jahre danach: Die Ziehtochter nimmt erneut Reißaus und wird einen Monat später tot aus der Donau gefischt.

„Der große Mann ... widersteht dem geweckten Tiger und lässt ihn nicht reißen“[28], hat Stifter einst notiert. Aber hat der Dichter und Lehrer den eigenen Tiger im Griff? Fühlt sich der k.u.k.-Pädagoge zu jungen Mädchen hingezogen? Einige vermuten bei Stifter pädophile Neigungen und sehen in seinem Werk hier und da die Spitze eines Eisbergs aufblitzen. So heißt es in der frühen Erzählung „Der Hochwald“ aus dem Jahr 1841 über Ronalds schicksalhafte Liebe zu dem Mädchen Klarissa:

„Du warst damals ein Kind, aber die Kinderlippen entzückten mich mehr, als später jede Freude der Welt, sie glühten sich in mein Wesen unauslöschlich – ein Königreich warf ich weg für diese Kinderlippen ... und nun bin ich hier ... um

nichts auf der ganzen Erde mehr bittend, als wieder um diese Kinderlippen.“[29]

Stifters Ende erscheint tragisch wie sein Leben. Ob die zahlreichen Straßen, Plätze und Schulen, die heute seinen Namen tragen, an einen Pädophilen und Selbstmörder erinnern, weiß er allein.

Am 30. Januar 1868, dem Tag seiner Beerdigung, herrscht heftiges Schneetreiben. Ein großer Trauerzug folgt dem Sarg durch die Stadt. Bei der Totenmesse im Linzer Dom sitzt ein junger, noch unbekannter Komponist an der Orgel. Sein Name: Anton Bruckner.

So 29. Januar 1837 – Alexander Puschkin

Alexander Puschkin, Urenkel eines äthiopischen Fürsten, gilt als der russische Nationaldichter und Begründer der modernen russischen Literatur. *„In ihm spiegeln sich die russische Natur, die russische Seele, die russische Sprache, der russische Charakter in solcher Klarheit, in solcher reinen Schönheit, wie sich eine Landschaft in der gewölbten Fläche eines optischen Glases spiegelt."* – **Nikolai Gogol**[30]

---

* 25.05.1799 in Moskau, Russland
+ 29.01.1837 in St. Petersburg, Russland
Begraben bei Pskow, Russland

Showdown am Zarenhof

Der Vorhang zum finalen Akt dieser Operette mit blutigem Ausgang hebt sich am 4. November 1836. An diesem Tag erhält Puschkin eine anonyme Botschaft:

„Die oberste Kompturn und Kavaliere des ehrwürdigen Hahnreiordens haben einstimmig Herrn Alexander Puschkin zum stellvertretenden Ordensgroßmeister und zum Geschichtsschreiber des Ordens auserkoren."[31]

Der Dichter als Vorstand des Vereins der gehörnten Ehemänner – was für ein Affront! Der 37-jährige Puschkin und seine um sechs Jahre jüngere, wunderschöne Gattin Natalja sind das Glamourpaar am Zarenhof in St. Petersburg. Tratsch- und Klatschgeschichten kursieren etliche in den zahllosen Salons und auf den plüschigen Bällen. Und für den eifersüchtigen und aufbrausenden Puschkin steht fest: Kein anderer als Baron D'Anthès steckt hinter diesem infamen anonymen Schreiben. Der 25-jährige französische Offizier der zaristischen Leibwache ist Liebling der Damenwelt und stellt seit geraumer Zeit auch Puschkins Gattin Natalja ungeniert nach, schenkt ihr Theatertickets und triviale Liebesromane. Zudem hat sich der Beau von dem steinreichen niederländischen Diplomaten Baron van Heeckeren adoptieren lassen, dem nicht nur väterliche Gefühle gegenüber dem jungen Offizier nachgesagt werden. Eine erste Duellforderung kann Georges d'Anthès noch abwenden: Sein Interesse gelte nicht Puschkins Ehefrau, sondern ihrer jüngeren Schwester Katharina. Zum Schein ehelicht er diese Anfang Januar 1837 und wird somit zum ungeliebten Schwager des Dichters. Doch obwohl Puschkin seiner Gattin jeden Kontakt zum galanten Offizier untersagt, treffen sich beide weiterhin auf Bällen und in Salons. Die Hofgesellschaft verfolgt mit Häme und Amüsement den Fortgang der Affäre, während Puschkin *„die Zähne fletschte wie ein Tiger"*[32]. Am 25. Januar hat Puschkin genug und verfasst einen derben Brief an Baron van Heeckeren: *„Wie ein liederliches altes Waschweib lauerten Sie meiner Frau hinter jedem Winkel auf, um von der Liebe ihres vorgeblichen Bastards zu winseln."*[33]

Ein Duell mit dem „vorgeblichen Bastard" D'Anthès ist nach diesem ehrrührigen Schreiben unausweichlich. Schon am folgenden Tag handeln die beiden Sekundanten einen Duellvertrag mit einer mörderisch kurzen Schussdistanz aus. *„Je blutiger, desto besser!"*[34] – so der Hitzkopf Puschkin. Offensichtlich will er es seinem Romanhelden „Eugen Onegin" gleichtun und seinen Duellgegner mit dem ersten Schuss niederstrecken.

Am Freitag, den 27. Januar 1837 nachmittags um halb fünf, kommt es am Stadtrand von St. Petersburg zum Showdown. Hier, am verschneiten schwarzen Flüsschen Tschornaja Retschka (heute eine Metrostation) stehen sich die beiden

Duellanten nur zwanzig Schritt voneinander entfernt gegenüber. George D'Anthès, der als guter Schütze gilt, feuert seinen Schuss als Erster ab. Puschkin wird im Bauch getroffen und sinkt zu Boden. Die Pistole ist ihm aus der Hand entglitten. Dennoch sieht er sich in der Lage, seinerseits einen Schuss abzufeuern. Gemäß den Regeln reicht ihm sein Sekundant eine neue Pistole, Puschkin feuert am Boden liegend ab und verfehlt sein Ziel nicht. Während er D'Anthès nur leicht verwundet, wird der schwer verletzte Dichter per Schlitten in sein Haus an der Moika gefahren. *„Es ist vorbei. Ich muss gehen. Ich kann kaum noch atmen. Ich ersticke"*[35], so Puschkin zu seinem Freund und Sekundanten Danzas.

Die kommenden dreißig Stunden verbringt Puschkin sterbend auf dem Diwan in seinem Arbeitszimmer. Die Ärzte haben keine Hoffnung, und der Dichter regelt, was es im Angesicht des nahen Todes zu regeln gilt: Er verzeiht seiner Frau die Affäre, er ordnet seine Finanzen, er verlangt nach einem Priester und nach der letzten Ölung. Zahlreiche Freunde und Besucher machen ihre letzte Aufwartung. Zar Nikolaus I. verspricht ihm in einem Brief, für seine Schulden und für den Unterhalt seiner Frau und der vier Kinder aufzukommen. Am Sonntagnachmittag, nachdem ihn Natalja noch mit Brombeersirup gefüttert hat, verstirbt Alexander Puschkin um viertel vor drei.

Da sich immer mehr Menschen vor dem Haus des Nationaldichters versammeln, sichern Polizisten das Anwesen. Der Zar befürchtet Unruhen, und so wird der Dichter in der Nacht zum 6. Februar 1837 klammheimlich und in aller Eile im nahe gelegenen Swjatogorski-Kloster beigesetzt.

Dass die Befürchtungen vor einer Revolte nicht unbegründet sind, soll sich alsbald zeigen. So verfasst der junge Kavallerie-Offizier Lermontow kurz nach Puschkins Ableben ein Gedicht, in dem er der Hofgesellschaft eine Mitschuld an dem Tode des freiheitsliebenden Dichters gibt. Auch fordert er eine harte Bestrafung von D'Anthès. Die Reaktion des Zaren erfolgt prompt: Der junge Offizier wird in den Kaukasus strafversetzt, wo Krieg herrscht. Michail Lermontow tritt nicht nur mit seinem Roman „Ein Held seiner Zeit" in die poetischen Fußstapfen seines Vorbildes, sondern er kommt ebenfalls bei einem Duell ums Leben.

Heute erinnern nicht nur eine Wodka-Marke und zahlreiche Monumente und Plätze an Alexander Puschkin – vor allem die Vertonungen seiner Werke „Boris Godunow" durch Modest Mussorgski und „Eugen Onegin" durch Peter Tschaikowsky gehören nach wie vor zum Standardrepertoire aller großen Opernhäusern.

Mi 05. Februar 1947 – Hans Fallada

Rudolf Ditzen nannte sich nach dem geschundenen Schimmel Falada aus dem grimmschen Märchen, dessen abgeschlagenes Haupt die Wahrheit spricht. Der Name war Programm. Hans Fallada, Autor des Weltbestsellers „Kleiner Mann – was nun?" (1932) und weiterer 25 Bücher, erzählt von den Schattenseiten menschlicher Existenz, schreibt über eine *„Welt voll Enge, Dumpfheit, Muffigkeit, voll schlechter Luft und üblen Odems"* **(Carl Zuckmayer)[36]. Seine Romane gelten als Meisterwerke der „Neuen Sachlichkeit". Dass er während der Naziherrschaft nicht emigrierte, wurde ihm nach Kriegsende zum Vorwurf gemacht.**

---

* 21.07.1893 in Greifswald
\+ 05.02.1947 in Berlin
Begraben auf dem Friedhof von Carwitz, Brandenburg

Wer einmal an der Nadel hängt

Freund Hans Joachim Geyer, der Fallada einen Tag vor seinem Tod im Hilfskrankenhaus in Berlin-Niederschönhausen aufsucht, ist entsetzt:

„Hans Fallada war steinalt geworden! Ungepflegt sah er aus, vernachlässigt, und wenn er schlief, wie schon längst gestorben! Von Tag zu Tag verfiel sein Körper immer mehr. Als ich ihn zum letzten Male lebend antraf, vermochte er nur zeitweise zu erfassen, was um ihn herum vorging, nur noch schleppend vermochte er zu sprechen."[37]

Seit Februar 1945 ist Fallada mit seiner zweiten Frau Ursula Losch verheiratet. „Ulla" ist jung, reizend und verwitwet. Aber beide verbindet vor allem eins: ihre gemeinsame Morphiumsucht. Sie ist es, die die Drogen beschafft, die Schulden auf Schulden anhäuft. Allein bei Nachbar Johannes R. Becher steht sie mit über 3.000 Mark in der Kreide. Und nicht selten wendet sie sich an einen ihr bekannten Berliner Arzt:

„Lieber Doktor Benn! Ich bin in einer schrecklichen Abstinenz und weiß wirklich nicht mehr, was ich machen soll. Bitte, bitte helfen Sie mir! Ich bitte Sie, schicken Sie mir etwas, damit ich über den schlimmsten Zustand wegkomme."[38]

Kaum vorstellbar, dass der galante Gottfried Benn, seines Zeichen Kokainist, die Bitte der charmanten 24-Jährigen ausschlug. Der alkohol- und morphiumsüchtige Fallada jedoch erträgt das Leben als Junkie nicht mehr und unternimmt 1946 einmal mehr einen Selbstmordversuch. Doch Nachbar Becher verhindert in letzter Minute den Suizid. So nimmt das Leben weiter seinen gewohnten Gang. Ulla besorgt nach wie vor massenhaft Morphium-Ampullen auf dem Schwarzmarkt und bezahlt nicht selten mit sexuellen Gefälligkeiten.

Am Ende will Fallada auch Ulla nicht mehr sehen, schmeißt sie Anfang Februar 1947 hochkant aus dem Krankenhauszimmer. „Jeder stirbt für sich allein", so heißt sein letzter Roman, den er kurz vor seinem Tod noch vollendet hat. Darin schildert er den authentischen Fall eines Berliner Ehepaares, das nach dem Tod des Sohnes an der Front heimlich Postkarten in Hausflure ablegt, worin sie zum Sturz des Nazi-Regimes aufrufen. Nach zwei Jahren fliegen die beiden auf, werden abgeurteilt und in Plötzensee hingerichtet. Anders als viele seiner Schriftstellerkollegen ist Fallada nach der Machtübernahme 1933 durch die Nazis nicht aus Deutschland emigriert. Und anders als seine Romanhelden hatte er nicht gegen das Unrechtsregime opponiert. Wie alle in Deutschland verbliebenen Autoren gilt er als „Mitläufer" und sieht sich nach

Kriegsende unbequemen Fragen ausgesetzt. So gesteht er nach dem Krieg in einem Brief an einen Freund: *„Ich stand damals vor der Wahl: Schreib, Vogel, oder geh ins KZ. Das war 1938 – und sieben Jahre KZ hätte ich nicht ausgehalten. Und trotzdem liegt wie Schuld jede Zeile auf mir, die ich damals schrieb“*[39].

Mit seinem Roman „Kleiner Mann – was nun“ gelang ihm 1932 ein Welterfolg. Der Roman wird in über 20 Sprachen übersetzt. Doch unter den Nazis ist er fortan zum seichten Stoff verdonnert, schreibt u.a. Kinderbücher. Nur so entgeht er einem Publikationsverbot. Dennoch ist sein Leben ein einziger Ritt auf der Rasierklinge: Mit 18 Jahren erschießt er in einem Duell einen Mitschüler und kommt in psychiatrische Behandlung. Als 30-Jähriger sitzt er im Gefängnis – um seine Sucht zu finanzieren, hatte er Geld unterschlagen. Im gerichtsmedizinischen Gutachten des zuständigen Kieler Landgericht heißt es: *„Fallada ist ein entarteter Psychopath und hat eine unglückliche Veranlagung“*[40]. Mit 40 wird er von der SA verhaftet. Mit 50 schießt er auf seine Frau Anna, von der er gerade geschieden wurde. Erneut wird er in eine Anstalt zwangseingewiesen. Hier verfasst er 1944 in Geheimschrift „Der Trinker“ – ein autobiographisch durchtränkter Roman über einen Alkoholiker.

Nach Kriegsende 1945 liegt nicht nur Berlin in Trümmern, sondern auch sein Leben. Kurz nach Abschluss von „Jeder stirbt für sich allein“ wird Fallada im Dezember 1946 erneut in die Charité eingewiesen. Seiner Schwester Elisabeth schreibt er: *„Das Leben schmeckt nicht mehr so recht, und auch die Freude über einen gelungenen Roman hält nicht sehr lange vor, wenn fünf Paar Schuhe unbedingt beschafft werden müssen und kein Gramm Kohle zum Heizen mehr da ist“*[41]. Ein Universitätsprofessor schiebt Fallada in einem Rollstuhl als warnendes Exempel auf die Bühne eines Hörsaals und erklärt den Medizinstudenten: *„Das, meine Herren, ist der Ihnen* *wohl allen bekannte Schriftsteller Hans Fallada oder vielmehr das, was die Sucht nach dem Rauschgift aus ihm gemacht hat: ein Appendix!*“[42]

Am 10. Januar 1947 kommt er erneut in eine Klinik. Hier im Hilfskrankenhaus Niederschönhausen, in einem zum Krankenzimmer umfunktionierten ehemaligen Klassenzimmer, stirbt Fallada am Mittwoch, den 5. Februar 1947, an „Herzversagen“. In einem Nachruf zwei Tage später spricht Der Tagesspiegel von einem *„Charakter, dessen Kraft nicht zur Widerstandsfähigkeit gegen Entgeistigung und Barbarei reichte.*“[43] Am 25. Februar wird Fallada eingeäschert und anschließend auf dem Friedhof in Pankow beigesetzt. Die Grabrede hält Becher, die meisten Kollegen glänzen durch Abwesenheit. Im Jahr 1981 wird der Leichnam auf Betreiben seiner ersten Frau Anna ins brandenburgische Carwitz umgebettet.

Sein Roman „Jeder stirbt für sich allein“ erscheint kurz nach seinem Tod in einer stark bearbeiteten Fassung. Politisch nicht gewünschte, aber auch obszöne Stellen wurden gestrichen. Erst 2011 bringt der Aufbau Verlag die unzensierte Originalfassung heraus.

Mo 11. Februar 1963 – Sylvia Plath

Mit ihrem posthum erschienenen Gedichtband „Ariel" (1965) wurde Sylvia Plath zu einer der bedeutendsten US-amerikanischen Lyrikerinnen. In ihren Gedichten, Briefen und Prosawerken betreibt die manisch-depressive Schriftstellerin eine schonungslose Selbstanalyse und prägte so einen neuen Schreibstil: the Confessional Poetry (die Bekenntnislyrik).

---

* 27.10.1932 in Boston, USA
+ 11.02.1963 in London, England
Begraben in Heptonstall, England

Lyrikerin am Herd

Der Winter 1963 ist einer der kältesten des Jahrhunderts. Selbst die Wasserleitungen sind eingefroren. Dennoch öffnet Sylvia Plath nachts die Fenster ihrer kleinen Londoner Wohnung in der Fitzroy Road 23. In den Gitterbetten schlafen die beiden kleinen Kinder, die dreijährige Frieda und der einjährige Nicholas. Neben die Betten stellt sie Brot und Milch ab. Dann geht sie in die Küche und stopft Handtücher und Lappen unter den Türspalten, um diese abzudichten. Beruflich läuft es eigentlich ganz gut für die erst dreißig Jahre alte Dichterin. Vor einem Monat ist ihr Roman „Die Glasglocke" erschienen – unter Pseudonym, aus Angst, ihre Mutter könne das Buch lesen. Privat steht sie jedoch vor einem Scherbenhaufen. Gerade vier Monate ist es her, dass sie sich von ihrem untreuen Gatten, dem Lyriker Ted Hughes, getrennt und die Idylle eines herrschaftlichen Landlebens gegen die triste Enge einer Stadtwohnung getauscht hat. Plath ist niedergedrückt, schluckt Antidepressiva und Schlafmittel. Auch eine kurze Affäre endet schnell. Erträgt sie die neuerliche Zurückweisung durch einen Mann nicht?[44] In der Küche sitzend, schreibt sie Abschiedsbriefe, doch es fehlen ihr Briefmarken. Sonntag, kurz vor Mitternacht, klopft sie daher im Erdgeschoss beim Kunsthistoriker Trevor Thomas. Der Nachbar wundert sich über die offensichtlich neben sich stehende junge Frau und fragt, ob er einen Arzt rufen solle. *„Nein, tun Sie das bitte nicht. Ich habe nur einen wunderbaren Traum, eine ganz wunderbare Vision.“*[45] Trevor Thomas schließt die Tür und geht zu Bett. Sylvia Plath kehrt zurück in ihre Küche, legt den Kopf in den Backofen und öffnet den Gashahn.

Es ist nicht ihr erster Selbstmordversuch. Bereits als Neunzehnjährige schluckt sie Schlaftabletten. Die hochbegabte Studentin leidet unter schweren Depressionen und wird mit Elektroschocks therapiert. Während eines Auslandsaufenthalts in Cambridge lernt sie 1956 den Lyriker Ted Hughes kennen. Beide heiraten, leben einige Zeit in den USA, beziehen dann einen Landsitz im britischen Devon. Nach außen hin scheint alles bestens: eine perfekte Familienidylle. Doch hinter den Kulissen brodelt es gewaltig. Plath sieht in beiden *„zwei Wölfe, eingesperrt in der Gewalt, unfähig, die Waffen niederzulegen.“*[46] Als Hughes eine Affäre mit einer anderen Frau eingeht, trennt sich das Paar. Sylvia Plath schreibt Gedichte und führt akribisch Tagebuch – ihr Leben und ihre Gefühlswelt bilden das Zentrum ihrer Literatur, die auch als „Confessional Poetry“, als Bekenntnislyrik bezeichnet wird. Die letzten Tagebücher werden von ihrem Ehemann vernichtet: *„Es war einfach traurig, ich wollte nicht, dass die Kinder das lesen müssen.“*[47] Posthumen Ruhm erlangt Sylvia Plath mit ihrem Gedichtband „Ariel“. In dem Gedicht „Lady Lazarus“ (1962) heißt es:

„Sterben/Ist eine Kunst, wie alles andere auch./Ich kann es besonders gut.“

Am 11. Februar 1963 gelingt Sylvia Plath das Sterben. Für Dienstag, den 12. Februar, hatte sie einen Termin bei einer Psychiaterin. Die Couch blieb leer.

Sylvia Plath wollte stets perfekt sein: eine anerkannte Dichterin, eine großartige Mutter. Letztlich ist sie an ihren eigenen Ansprüchen zerbrochen. Es ist ihre Eigenständigkeit, die Einheit von Leben und Werk, die sie posthum zu einem Idol der aufstrebenden Frauenbewegung hat werden lassen. Begraben liegt Sylvia Plath im englischen Heptonstall/West Yorkshire.

So 12. Februar 1989 – Thomas Bernhard

„Vollkommen ist niemand – nur Thomas Bernhard, wenn er schimpft.“ [48] – **Siegfried Unseld**

Böse Zungen behaupten, Bernhard habe eigentlich immer wieder nur ein und dasselbe Buch geschrieben. Seine Fans lieben ihn gerade wegen seines einzigartigen Suada-Stils. Beinahe jährlich hatte Bernhard ein Buch und damit einen Skandal produziert. Kaum ein Autor hatte schon zu Lebzeiten so viele andere Dichter beeinflusst. Seine Werke wie die „Auslöschung“ (1986) machten ihn auch international zu einem der bekanntesten deutschsprachigen Schriftsteller des 20. Jahrhunderts.

* 09.02.1931 in Heerlen, Niederlande
\+ 12.02.1989 in Gmunden, Österreich
Begraben auf dem Grinzinger Friedhof in Wien, Österreich

Der Skandalmacher

Als am 16. Februar 1989 erste Gerüchte über das Ableben Thomas Bernhards in Wien kursieren, lässt Burgtheaterdirektor Claus Peymann kurzerhand alle Friedhöfe antelefonieren.

„Wir fanden heraus, dass auf dem Friedhof in Grinzing eine Beerdigung kurzfristig vorverlegt worden sei. Weil ich wusste, dass Bernhard in Grinzing beerdigt werden wollte, habe ich mich ins Auto gesetzt und bin hingefahren.“[49]

Die klammheimliche Freude in Wien ist groß darüber, dass dieser Nestbeschmutzer endlich den Löffel abgegeben hat. Regelmäßig haben Bernhards öffentlichen Auftritte und

Reden, seine Romanveröffentlichungen, aber allen voran seine Bühnenstücke wie zuletzt der „Heldenplatz" (1988) für handfeste Skandale gesorgt. Österreich = Katholizismus = Nationalsozialismus – so lässt sich das Mantra des Autors überspitzt wie verkürzt auf den Punkt bringen. *„Hinaus aus Wien mit dem Schuft!"* skandierte lauthals der Rechtspopulist Jörg Haider in der Kronenzeitung vom 12. Oktober 1988[50]. Aber auch in seinen Romanen meinen Zeitgenossen sich wiederzufinden und fühlen sich auf den Schlips getreten, so wie der Komponist Gerhard Lampersberg, der sich in „Holzfällen"(1984) in der Figur des Auersbergs verunglimpft sieht und gegen das Buch prozessiert. Doch ahnen die Wiener nicht, dass der letzte große Skandal des *„Alpenbecketts"*[51] noch aussteht.

Zeit seines Lebens leidet Bernhard an einer seltenen, tuberkulösen Lungenkrankheit, dem Morbus Boeck. Immer wieder ist er zu Klinikaufenthalten gezwungen, die er auch literarisch thematisiert. *„Nach Auskunft der Ärzte müsst' ich eigentlich schon jahrelang tot sein, ich hab' mich schon Jahre überlebt."*[52] Tag für Tag dem Tod jeden Atemzug abringen zu müssen, lässt ihn zu jenem mit einer Grundwut ausgestatteten Meister der Übertreibung werden. Bis dem unverbesserlichen Misanthropen im Februar 1989 endgültig die Luft ausgeht. Seit Tagen geht es mit seinem Gesundheitszustand rapide bergab. Schon sein Geburtstagsessen am 9. Februar im kleinen Familienkreis wird für ihn zur Tortur. Er leidet unter Atemnot und Herzschwäche. Am folgenden Tag unterzeichnet er beim Notar sein Testament, lässt sich anschließend noch einmal an seinen diversen Anwesen vorbei chauffieren. Zeitung lesen, Kaffee trinken, die wenigen Schritte zum Wagen, all das wird zum Kraftakt. Am Sonntag, den 12. Februar 1989 um 7 Uhr in der Früh, stirbt Bernhard in seinem Haus in Gmunden. Herzversagen – so steht als Todesursache im Totenschein vermerkt, den sein Halbbruder und Mediziner Peter Fabjan ausstellt.

Doch jener gibt freimütig zu: „*Ich habe getan, was jeder Arzt tun würde: daß er das schlafend übersteht.*“[53] Hat der Mediziner und Halbbruder Sterbehilfe geleistet?

Anschließend wird der Leichnam heimlich nach Wien überführt, wo er am 16. Februar auf dem Grinzinger Friedhof beigesetzt wird. Peymann erinnert sich rückblickend:

„Es war ein trüber, nebliger Februartag 1989, und das Grab, in das er neben seinem ‚Lebensmenschen‘ Hede Stavianicek kommen wollte, war ausgehoben. Davor stand ein älteres Ehepaar im typischen Schönbrunner Trachtengrün. Sie erkannten mich: ‚Ach der Herr Burgtheaterdirektor Peymann, schauen Sie, jetzt haben sie den großen Thomas Bernhard hier verscharrt ohne Feier, was ist denn das für eine Stadt, was ist das nur für ein Land?“[54]

Erst jetzt wird die breite Öffentlichkeit informiert, und es folgt der wohlinszenierte, finale Racheakt des Meisters des Furors, der Österreich nun seinerseits den Atem raubt. In seinem Testament vom 10.02.1989 verfügt Thomas Bernhard:

„Weder aus dem von mir selbst bei Lebzeit veröffentlichten, noch aus dem nach meinem Tod gleich wo immer noch vorhandenen Nachlaß darf auf die Dauer des gesetzlichen Urheberrechts innerhalb der Grenzen des österreichischen Staates, wie immer dieser Staat sich kennzeichnet, etwas, in welcher Form auch immer, von mir Verfaßtes, Geschriebenes, aufgeführt, gedruckt oder auch nur vorgetragen werden .

Ausdrücklich betone ich, daß ich mit dem österreichischen Staat nichts zu tun haben will und ich verwahre mich nicht nur gegen jede Einmischung, sondern auch gegen jede Annäherung dieses österreichischen Staates meine Person, meine Arbeit betreffend in aller Zukunft.

Nach meinem Tod darf aus meinem eventuell gleich wo noch vorhandenen literarischen Nachlaß, worunter auch Briefe und Zettel zu verstehen sind, kein Wort mehr veröffentlicht werden.“[55]

Das sitzt! Kulturschaffende stürzt diese postmortale Watschen in schiere Verzweiflung. Burgtheaterdirektor Peymann, der etliche Bernhardstücke zur Uraufführung brachte, ignoriert dieses Aufführungsverbot. Dieses könne seiner Auffassung nach nur Neuinszenierungen betreffen. Bereits laufende Inszenierungen bleiben weiterhin auf dem Spielplan der Burg. Wesentlich ernster nimmt sein Verleger Siegfried Unseld den letzten Willen. Thomas Bernhard verschwindet aus den Regalen der österreichischen Buchhandlungen. Zumindest für die folgenden zehn Jahre. Dann setzt ein Sinneswandel ein. Bis zum Erlöschen der Urheberrechte im Jahr 2059 zu warten, sei keinem Leser zuzumuten. Und schließlich bestünden rechtliche Verträge, die ein Testament nicht einfach außer Kraft setzen könne. Im Jahr 1998 fällt de facto das Publikationsverbot. Und auch Bernhards Halbbruder und Universalerbe Peter Fabjan hält diese testamentarische Verfügung nicht länger für haltbar. So sind also in Österreich nicht nur Bernhards Schriften wieder erhältlich, sondern es werden auch fleißig Texte aus dem Nachlass publiziert.

Wer die skandalschwangeren öffentlichen Auftritte Thomas Bernhards verpasst hat, kann sich diese noch einmal aus Sicht des Autors vor Augen führen. In „Meine Preise“ (2009 posthum erschienen) rekapituliert Bernhard auf die ihm eigene Art die zahlreichen Preisverleihungen. Ein Fest – nicht nur für Boris.

Fr 17. Februar 1673 – Molière

Molière war mit seiner Schauspieltruppe der Star am Hofe von Sonnenkönig Ludwig XIV. und begründete die Comédie-Française, das französische Nationaltheater. In seinen Komödien wie „Der Menschenfeind" (1666) oder „Der Geizige" (1668) nimmt er immer wieder die Charakterschwächen der Menschen aufs Korn. Mit seinen Werken „Tartuffe" (1664) oder „Don Juan" (1665) geriet der Freigeist Molière aber auch immer wieder in Konflikt mit der Kirche, die die Aufführungen verbot. Bis heute werden seine Werke in aller Welt gespielt, und in Frankreich ist der renommierte Theaterpreis nach ihm benannt: Le prix Molière.

Getauft am 15.01.1622 in Paris, Frankreich
+ 17.02.1673 in Paris, Frankreich
Begraben auf dem Père Lachaise, Frankreich

Letzte Vorstellung

Am Freitag, den 17. Februar 1673, steht im Pariser Théâtre du Palais-Royal „Der eingebildete Kranke" auf dem Spielplan. Die jüngste Komödie des 51-jährigen Molière über den Hypochonder Argan ist ein Publikumsrenner. *„Fast alle Menschen sterben an ihren Arzneien und nicht an ihren Krankheiten"*, stellt ein Protagonist nüchtern fest und hat die Lacher auf seiner Seite. Molière, der nicht nur das Stück verfasst, sondern zugleich auch die Hauptrolle übernommen hat, fühlt sich schon den ganzen Tag über fiebrig und schwach. Aber eine Absage der Vorstellung kommt für ihn nicht infrage. Er will die fünfzig Schauspieler und Bühnenarbeiter nicht um ihren Lohn bringen. Als Molière alias Argan am Ende des 3. Akts unter heftigen Schmerzen zusammensinkt, biegt sich das Publikum vor Lachen. Allerdings ist der Schwächeanfall infolge eines plötzlichen Blutsturzes kein genialer Regieeinfall, sondern bitterer Ernst. Der Vorhang fällt, und die Schauspieler La Grange und Baron tragen Molière in einem Sessel umgehend in sein Wohnhaus, das gegenüber dem Theater liegt. Zurück in der Wohnung isst er ein wenig Parmesan und Brot. Auch zwei Nonnen auf der Durchreise, denen im Haus Herberge gewährt wird, kommen herbeigeeilt. Molière fühlt sich schlecht, legt sich zu Bett und inhaliert ein Schlafmittel. Doch ergießt sich erneut Blut aus seinem Mund. Der Bluthusten will nicht stoppen. Molières Schwager Aubry macht sich umgehend auf den Weg zur benachbarten Abtei Saint-Eustache, damit Geistliche dem Schwerkranken die letzten Sakramente spenden. Aber die Pater lehnen es ab, einen Schauspieler in die Kirche aufzunehmen und die Absolution zu erteilen. Denn der Beruf des Schauspielers gilt als sündhaft. Als Aubry schließlich doch noch einen willigen Pastor aufgetrieben hat, ist es bereits zu spät. Charles de La Grange notiert in seinem „Register" für den 17.02.1673:

„Noch am selben Tag nach der Komödie gegen zehn Uhr abends starb Monsieur de Molière in seinem Haus in der rue de Richelieu, nachdem er die Rolle des eingebildeten Kranken gegeben hatte, schwer geplagt durch eine Erkältung und Entzündung in der Brust, die einen schlimmen Husten hervorriefen. All das endete damit, dass aufgrund des starken Hustenanfalls eine Vene in seinem Körper platzte und er eine Halbe- oder Dreiviertelstunde später verstarb."[56]

Ob tatsächlich eine Vene platzte, bezweifeln Experten. Den Symptomen nach erlag Molière eher den Folgen einer Lungentuberkulose oder einer Magenkrebserkrankung. Doch auch nach dem Tod des Freigeists geht die Auseinandersetzung mit der katholischen Kirche in die nächste Runde. Der Pastor von Saint-Eustache verweigert die Bestattung. Ein neuer Skandal droht.

Mit gleich mehreren Bühnenstücken hatte Molière den Zorn des Klerus auf sich gezogen. Als im Mai 1664 in Versailles sein „Tartuffe" aufgeführt wurde, kam es zum Eklat. Schon im Vorfeld hatten fromme Höflinge das Stück über den bigotten Betrüger Tartuffe zu verhindern versucht. Trotz Wohlwollens König Ludwigs XIV. wurden weitere Vorstellungen der Komödie vom Erzbischof verboten. Nicht anders erging es Molière mit seinem nächsten Stück „Don Juan". Obwohl er den Libertin Juan im letzten Akt in die Hölle schickt, wird auch dieses Werk nach wenigen Vorstellungen mit einem Aufführungsverbot belegt.

Jetzt, nach seinem plötzlichen Tod, droht Molière höchst selbst die Hölle. Daher wendet sich seine Frau Armande flehend an die Kirche: *„Er wollte seine Sünden bereuen und als guter Christ sterben."*[57] Doch der Erzbischof von Paris stellt sich stur. Erst durch Intervention Ludwigs XIV. kommt es zu einer Wende. Wie tief denn geweihte Erde eigentlich sei, will der König vom Bischof wissen. *„Drei Fuß, Sire!"*, erwidert der Geistliche. *„Dann begrabt ihn vier Fuß tief!"*, so das salomonische Urteil des Monarchen[58]. Widerwillig stimmt der Erzbischof schließlich einer kirchlichen Bestattung zu, jedoch *„ohne jeglichen Pomp und mit nur zwei Priestern, nicht bei Tage und ohne jede kirchliche Zeremonie"*.[59]

Am 21. Februar 1673, dem Tag der Beisetzung, belagert eine Menschenmenge Molières Haus, die erst den Weg freigibt, als Witwe Armande etliche Münzen aus dem Fenster wirft. Nach Einbruch der Dunkelheit um 21:00 Uhr wird der Leichnam schließlich zum Friedhof von Saint-Eustache getragen. Zwei Priester schreiten voran, hundert Fackelträger folgen. Keine Glocke läutet, kein Gebet wird gesprochen, als Molières

Sarg neben den Gräbern von Selbstmördern und ungetauften Babys in der Erde versenkt wird.

The show must go on! – Dieses Motto gilt auch schon zu Zeiten des Sonnenkönigs. Bereits eine Woche nach Molières Tod wird im Theater wieder „Der eingebildete Kranke“ gegeben. Die Hauptrolle hat inzwischen sein Kollege Michel Baron übernommen.

Erst nach den Revolutionswirren im Jahr 1817 werden Molières sterbliche Überreste auf den Friedhof Père Lachaise überführt, wo er bis heute ruht. Der Sessel, in dem er einst von der Bühne getragen wurde, steht noch heute im Foyer der Comédie-Française in Paris.

So 17. Februar 1856 – Heinrich Heine

„Heine sagt sehr bissige Sachen und seine Witze treffen ins Schwarze. Man hält ihn für von Grund auf böse, aber nichts ist falscher; sein Herz ist so gut wie seine Zunge schlecht ist.“ – **George Sand**[60]

Mit seinen Gedichtbänden wie „Deutschland. Ein Wintermärchen“ (1844) oder seinen satirischen Reiseberichten wie „Die Harzreise“ (1820) wurde Heinrich Heine zu einem der größten deutschen Dichtern. Er gilt als der letzte große Vertreter der Romantik. Wegen der restriktiven politischen Verhältnisse in Deutschland siedelte er im Jahr 1831 nach Paris über.

---

* 13.12.1797 in Düsseldorf

+ 17.02.1856 in Paris, Frankreich

Begraben auf dem Montmartre-Friedhof von Paris, Frankreich

„Die Krankheit der glücklichen Männer“

Schon am 13. Januar 1849 schreibt Friedrich Engels an Karl Marx:

„Heine ist am Kaputtgehen. Vor 14 Tagen war ich bei ihm, da lag er im Bett und hatte einen Nervenanfall gehabt. Gestern war er auf, aber höchst elend. Er kann keine drei Schritte mehr gehen, er schleicht an den Mauern sich stützend, vom Fauteuil bis ans Bett und vice versa ... Geistig ist er auch etwas ermattet.“[61]

Im Mai 1848 verlässt Heine noch einmal seine Pariser Wohnung und sucht den Louvre auf. Er bewundert die Venus von

Milo, dann erleidet er einen Zusammenbruch. Es ist sein letzter Ausflug in die Welt da draußen. Anschließend wird er seine „Matratzengruft“ nicht mehr verlassen. Acht Jahre lang bleibt er ans Bett gefesselt, leidet unter starken Schmerzen und einer zunehmenden Lähmung seines Körpers. Gegen die Schmerzen erhält er Opium, das ihm über eine im Nacken offen gehaltene Wunde eingerieben wird. Im November 1850 schreibt er seinem Bruder Gustav:

„Du hast keinen Begriff davon, wie viel ich gelitten und noch leide; beständige Krämpfe und Zusammenziehungen, besonders der Beine und des Rückgrats, zusammengekrümmt liege ich auf einer Seite im Bette, ohne mich bewegen zu können [...] um die Schmerzen zu betäuben, nehme ich beständig Zuflucht zum Opium, auch mein Kopf ist daher sehr dumpfig.“[62]

Dennoch dichtet Heine auch in dieser Lebensphase weiter. Es entstehen das Tanzpoem „Doktor Faustus“ und seine „Romanzeros“ (1851). In dem Gedicht „Morphine“ besingt er auch die Droge, die er in immer höheren Dosen braucht: *„Gut ist der Schlaf, der Tod ist besser – freilich./Das beste wäre, nie geboren sein.“*

Doch an welcher schweren Krankheit leidet Heinrich Heine genau? Bis heute ist diese Frage unter Literaturwissenschaftlern, Biographen und Medizinern strittig. Einige deuten die Symptome als Folge einer Bleivergiftung, andere halten eine Tuberkulose oder gar eine Multiple Sklerose für ursächlich. Bordellgänger Heine selbst glaubt seiner Zeit, er sei an der Syphilis erkrankt. Häufig äußert er derlei Vermutungen in Briefen und auch Gedichten:

„Es hatte mein Haupt die schwarze Frau/zärtlich ans Herz geschlossen;/ach meine Haare wurden grau,/wo ihre Tränen geflossen./Sie küsste mich lahm, sie küsste mich krank,/sie küsste mir blind die Augen;/das Mark aus meinem Rückgrat trank/ihr Mund mit wildem Saugen.“[63]

Im Jahr 2005 nimmt der Neurologe Schiffer nochmals alle diskutierten Todesursachen ins Visier und kommt aufgrund der Anamnese zu dem nicht neuen, aber medizinisch dezidierten Befund: Heine litt höchstwahrscheinlich an einer „meningovaskulären Lues" – sprich an einer syphilitischen Erkrankung der Blutgefäße und Hirnhäute[64].

Woran der Dichter letztendlich auch erkrankt sein mag, am 16. Februar 1856 neigt sich seine langjährige Leidenspassion dem Ende zu. An jenem Samstag muss sich Heinrich Heine mehrmals übergeben, wahrscheinlich rebelliert sein Magen gegen die hoch dosierten Narkotika. Am Abend kommt Dr. Gruby, verordnet Blütentee und Eisumschläge. Doch die Behandlung hilft nicht mehr. Am frühen Sonntagmorgen verstirbt Heine *„in Folge an Schwäche durch ein heftiges Brechen herbeigerufen"*[65]. Auskunftsfreudiger als der Arzt erweist sich sein Bruder Gustav, der zwar selbst nicht vor Ort, aber stets bestens informiert ist:

„Eine Stunde vor seinem Hinscheiden reichte ihm die Wärterin den verordneten Trank, den er aber zurückwies. Als Catherine entgegnete, Dr. Gruby werde sie bestimmt deswegen schelten, antwortet er, sie solle ganz beruhigt sein, er werde es dem Arzt selbst erklären: ‚Die Arzneien helfen nicht mehr.' Dies waren sozusagen seine letzten Worte, denn er verlangte später nur mehr, aufgerichtet zu werden, und streckte deshalb seine welke, abgezehrte Hand aus; seine Pflegerin nahm ihn, um seinen Willen zu erfüllen, in ihre Arme. Heinrich ward hierauf von Krämpfen befallen [...] Der Todeskampf ging unter heftigen Krämpfen zu Ende. Mein Bruder behielt aber bis zum letzten Augenblicke sein volles Bewusstsein. Heinrich Heine starb [...] Sonntag den 17. Februar um 4 ¾ Uhr Morgens in den Armen seiner treuen Wärterin, die ihn fast vier volle Jahre sorgsam gepflegt hatte."[66]

Nach dem Tod läuft es so ab, wie er es zuvor in seinem umfangreichen Testament bestimmt hat: Er erhält ein kostengünstiges Grab auf der katholischen Sektion [!] des Montmartre-Friedhofs. Heine selbst hatte immer einen pragmatischen Bezug zur Religion: Als Jude geboren, zum Protestanten getauft (nur so hatte er Aussicht, als Jurist eine Anstellung zu finden) und nun als Toter begraben unter Katholiken – damit seine „katholische" Mathilde später im selben Grab beigesetzt werden kann. Seine Frau Mathilde – *„das süße, dicke Kind"*[67] –, sie ist es auch, die er per Testament zur Alleinerbin bestimmt. Seine letzte platonische Geliebte „Mouche" hingegen geht leer aus. An der schlichten Beerdigungszeremonie am 20. Februar 1856 nehmen nur wenige deutsche Exilanten teil. Von seinen französischen Freunden erweisen ihm Alexandre Dumas und Théophile Gautier die letzte Ehre. Ob jemand leise anstimmt: *„Ich weiß nicht, was soll es bedeuten/ dass ich so traurig bin …"*, weiß allein die Loreley.

Mo 22. Februar 1942 – Stefan Zweig

Der Österreicher Stefan Zweig war einer der Bestsellerautoren seiner Zeit. Seine Novellen und historischen Biographien fanden Millionen Leser in der ganzen Welt. Als die Nazis 1934 das Salzburger Haus des jüdischen Humanisten durchsuchten, entschied er sich zur Flucht. Gestrandet in Rio de Janeiro, schrieb er dort im Exil sein letztes großes Werk: „Die Schachnovelle" (1942).

---

* 28.11.1881 in Wien, Österreich

+ 22.02.1942 in Petrópolis, Brasilien

Begraben auf dem Cemitério Municipal von Petrópolis, Brasilien

---

Als der Krieg ins Paradies einzog

Am 16. Februar 1942 fährt Stefan Zweig mit seiner jungen Frau Lotte von Petrópolis ins 60 Kilometer entfernte Rio de Janeiro. Es ist Rosenmontag, und die Brasilianer feiern mit Sambarhythmen an den Strandpromenaden von Copacabana und Ipanema ihren Straßenkarneval. Doch die ausgelassene Lebensfreude der Brasilianer kann der aus seiner Heimat vertriebene Zweig nicht wirklich teilen: *„Die Menschen werden nicht gewahr, dass dieser Krieg […] die größte Katastrophe der Geschichte darstellt."*[68]

Bevor der weltweit gefeierte Autor auf seiner Flucht vor den Nazis und dem Krieg in Brasilien strandet und am 17. September 1941 seine „Casa Zweig" in Petrópolis bezieht, hatte er das Land schon einige Male bereist und in seinem schwärmerischen Werk „Brasilien – Ein Land der Zukunft“ (1941) gefeiert. Der Humanist, Pazifist und *„Jude aus Zufall“* ist begeistert von dem einfachen Leben der Menschen, scheinbar frei von Rassentrennung und Vorurteilen. *„Ich fühle mich hier extrem glücklich“*, schreibt der Dichter. *„Der kleine Bungalow mit seiner großen Terrasse hat eine wunderbare Sicht in die Berge, und gleich gegenüber hat es ein kleines Kaffeehaus, das Café Elegante, wo ich für ein paar Groschen einen wunderbaren Kaffee bekomme.“*[69] Doch werden auch ihm die gesellschaftlichen Missstände und die ausufernde Armut hinter all der Exotik nicht verborgen geblieben sein. Das Angebot, eine Biographie über den autoritären Staatschef Getúlio Vargas zu verfassen, lehnt er jedenfalls ab. Auf der Terrasse sitzend, arbeitet er stattdessen an seiner letzten und wohl berühmtesten Erzählung: „Die Schachnovelle“. Doch die anfänglich überschwängliche Euphorie ist schnell einer großen Melancholie gewichen. Nicht nur der ständige Regen setzt dem Ehepaar zu. Zweig ist depressiv und wird sich immer stärker seiner Fremdheit bewusst. Gingen einst Geistesgrößen wie Rainer Maria Rilke, Hugo von Hofmannsthal und Joseph Roth in seinem Haus ein und aus, ist er hier im südamerikanischen Hochplateau abgeschnitten vom gesellschaftlichen Leben, von seiner Sprache und Kultur.

Freitag, den 20. Februar 1942, macht sich Zweig zum zweiten Mal innerhalb einer Woche auf die unbequeme, zweistündige Busreise nach Rio. Tags zuvor kannten die Tageszeitungen nur eine Schlagzeile: Ein deutsches U-Boot hatte den brasilianischen Frachter „Buarque“ mit einem Torpedo versenkt. Damit ist der Krieg auch im vermeintlichen Paradies angekommen, Brasiliens Kriegseintritt nur mehr eine Frage der Zeit. Sein Entschluss, aus dem Leben zu scheiden, ist gefasst. An jenem Freitag regelt Zweig in Rio einige notarielle Dinge und hinterlässt im Safe seines Verlegers Dokumente und sein Testament. In seinem Abschiedsbrief schreibt er:

„Ehe ich aus freiem Willen und mit klaren Sinnen aus dem Leben scheide, drängt es mich eine letzte Pflicht zu erfüllen: diesem wundervollen Lande Brasilien innig zu danken, das mir und meiner Arbeit so gute und gastliche Rast gegeben. Mit jedem Tage habe ich dies Land mehr lieben gelernt und nirgends hätte ich mir mein Leben lieber vom Grunde aus neu aufgebaut, nachdem die Welt meiner eigenen Sprache für mich untergegangen ist und meine geistige Heimat Europa sich selber vernichtet.

Aber nach dem sechzigsten Jahre bedürfte es besonderer Kräfte um noch einmal völlig neu zu beginnen. Und die meinen sind durch die langen Jahre heimatlosen Wanderns erschöpft. So halte ich es für besser, rechtzeitig und in aufrechter Haltung ein Leben abzuschließen, dem geistige Arbeit immer die lauterste Freude und persönliche Freiheit das höchste Gut dieser Erde gewesen.

Ich grüße alle meine Freunde! Mögen sie die Morgenröte noch sehen nach der langen Nacht! Ich, allzu Ungeduldiger, gehe ihnen voraus.“[70]

Bereits im Jahr 1921 wollte Zweig mit seiner damaligen Frau Friderike aus dem Leben scheiden – doch diese lehnte ab, sie stehe *„als Begleiterin auf dieser Reise“*[71] nicht zur Verfügung. Anders seine um 27 Jahre jüngere, zweite Frau Lotte. In der Nacht von Sonntag auf Montag nehmen beide eine Überdosis Veronal. Hausangestellte finden das Paar am Montagnachmittag gegen 16:00 Uhr auf dem Bett liegend, Zweig stilsicher in Anzug und Krawatte, seine Frau Lotte an ihn geschmiegt. Auf dem Totenschein vom 23. Februar 1942 wird als Todeszeitpunkt 12:00 Uhr angegeben und als Todesursache: Einnahme von Gift – Suizid.

Zweigs plötzlicher Selbstmord überrascht Freunde und Öffentlichkeit gleichermaßen. So schreibt Klaus Mann in „Der Wendepunkt“ (1942):

„Die Nachricht von Stefan Zweigs Selbstmord in Brasilien kam so völlig unerwartet, dass ich sie zunächst kaum glauben

konnte. Bei Toller war man auf dergleichen vorbereitet; aber doch nicht bei ihm, der so lebensfroh, ja genießerisch, so verwöhnt vom Glück, so ausgeglichen, so vernünftig schien! Er hatte Ruhm, Geld, sehr viele Freunde, eine junge Frau – und warf alles fort ... Warum? In seinem Abschiedsbrief ist vom Krieg die Rede. Der Krieg, Triumph der Barbarei, Durchbruch zerstörerische Urinstinkte! Dem Humanisten graut. Ist dies noch seine Welt? Er erkennt sie nicht mehr. ‚Ich passe nicht in diese Zeit. Diese Zeit missfällt mir ...' und greift zum Gift. Ruhm, Geld und Freunde lässt er hier zurück; die junge Frau aber wird mitgenommen. Ist es so einfach? Ach was wissen wir ...“[72]

Begraben wurden die Zweigs auf dem Friedhof von Petrópolis. Sein kleiner Bungalow, die „Casa Zweig“, ist heute ein Museum.

Fr 25. Februar 1983 – Tennessee Williams

Tennessee Williams gilt als einer der Erneuerer des US-amerikanischen Nachkriegsdramas und zugleich als Begründer der „Südstaatengothik" („Southern Gothic"). Den Seelendramatiker interessieren die exzentrischen und überspannten Charaktere. Für seine Broadway-Kassenschlager wie „Endstation Sehnsucht" (1947) und „Die Katze auf dem Blechdach" (1955) wurde Williams gleich zwei Mal mit dem Pulitzer-Preis ausgezeichnet.

---

* 26.03.1911 in Columbus, USA
\+ 25.02.1983 in New York, USA
Begraben auf dem Calvary Cemetery von St. Louis, USA

Endstation Einsamkeit

Es gibt Menschen, die sich irgendwann dazu entschließen, in einem Hotel zu wohnen. Das finden sie komfortabel, man muss sich um nichts kümmern und wird bedient. So ein Mensch ist Tennessee Williams. Über Jahre hinweg wohnt er schon in seiner Suite im New Yorker Elysée Hotel im Herzen von Manhattan, an der Ecke der 54. Straße. Sein Privatsekretär John Uecker ist praktischerweise direkt mit einquartiert. Er ist es auch, der am Donnerstag, den 24. Februar 1983, am späten Abend gegen elf Uhr ungewöhnliche Geräusche aus dem Nachbarzimmer vernimmt. Doch er interveniert nicht. Erst als er am kommenden Morgen gegen 10 Uhr 45 Williams Zimmer betritt, findet er den leblosen Autor neben dem Bett auf dem Boden liegend, umringt von leeren Weinflaschen sowie Medikamentenschachteln. Eine erste medizinische Untersuchung der eingetroffenen Ermittler vor Ort ergibt: Tennessee Williams hat die Verschlusskappe seiner Augentropfen verschluckt und ist daran erstickt. Doch wie kommt die vermaledeite Plastikkappe in seinen Hals? Kann schon mal passieren bei einem tütteligen und angeschickerten 71-Jährigen, möchte man meinen. Doch die Gerichtsmedizin will es natürlich genau wissen.

Williams heißt eigentlich Thomas mit Vornamen, doch seine Schulkameraden nennen ihn Tennessee, wegen seines starken Südstaatenakzents. Immer noch besser als „Miss"issippi, denkt sich der schwule Thomas Williams. Der Durchbruch als Bühnenautor gelingt ihm bereits Ende 1944 mit seinem Südstaaten-Familiendrama „Die Glasmenagerie". Darauf folgt ein kometenhafter Aufstieg. Seine Stücke „Endstation Sehnsucht" (1947) und „Katze auf dem Blechdach" (1955) sind nicht nur langjährige Kassenschlager auf dem Broadway, sondern werden durch die Hollywood-Verfilmungen mit Starbesetzung zu Welterfolgen. Tennessee Williams zählt, neben Arthur Miller und Eugène O'Neill, zu den Erneuerern des amerikanischen Theaters. Im Zentrum seiner Stücke stehen fragile, überspannte Charaktere: *„Für mich war es einfacher, sich mit Charakteren am Rande des Nervenzusammenbruchs zu identifizieren, mit Figuren, die sich vor dem Leben fürchten, die sich verzweifelt nach einer Beziehung sehnen. Doch diese anscheinend fragilen Charaktere sind die eigentlich starken Personen."*[73] Seine Stücke spielen fast ausnahmslos in den Südstaaten und haben häufig biographische Bezüge. Vor allem das tragische Schicksal seiner schizophrenen Schwester Rose beschäftigt und inspiriert ihn. Sie verbringt die meiste Zeit ihres Lebens in psychiatrischen Anstalten und wird sogar von Neurochirurgen operiert – der lobotomische Eingriff an den Gehirnnerven jedoch misslingt.

Williams, selbst psychisch labil, greift schon früh zu Tabletten und Alkohol. Auf der Erfolgswelle schwimmend, scheinen die psychischen Probleme für einige Jahre in den Hintergrund zu treten. Doch als sein Sekretär und langjährige Lebenspartner Frank Merlo 1963 an Lungenkrebs stirbt, stürzt ihn der Tod des Freundes in eine tiefe Depression. Auch kann er mit seinen neuen Stücken nicht mehr an seine alten Erfolge anknüpfen. Sein Stern ist im Sinken begriffen, seine Dramen sind am Ende kaum mehr auf den Spielplänen zu finden. In seinem persönlichen Drama übernehmen fortan Amphetamine, Schlaftabletten und Alkohol die Hauptrollen. Im Jahr 1975 veröffentlicht er seine Memoiren – sein Coming-out in der breiten Öffentlichkeit.

Als die Zeitungen am 26. Februar 1983 über Williams Ableben berichten, gehen sie zunächst von einem natürlichen Tod aus. Und Schauspieler Marlon Brando, der mit „Endstation Sehnsucht" berühmt wurde, würdigt den Dramatiker in einem Nachruf in der New York Times: *„Ich fühlte mich Tennessee Williams stets eng verbunden. Wie kein andrer durchleuchtete er die Wahrheit, ohne Scheu vor dem, was ihn bedrängte oder ängstigte. Sein Tod macht uns alle ärmer."*[74]

Warum ganze sechs Monate vergehen, bis die Untersuchungskommission die offizielle Todesursache bekannt gibt, ist unbekannt. Das Fazit lautet: *„Todesursache war eine Asphyxie"* – also der Tod durch Ersticken. *„Offensichtlich wurde der Verschluss benutzt, um Barbiturate einzunehmen"*, so der New Yorker Gerichtsmediziner Dr. Elliot Gross in seinem Abschlussbericht[75]. In Gewebeproben wurde zudem Secobarbital nachgewiesen, ein Schlafmittel, das Williams bekanntermaßen über Jahre hinweg eingenommen hatte.

Doch rasch melden sich auch Zweifler zu Wort. Sie glauben, der Erstickungstod sei erfunden, um die wahre Ursache, nämlich eine Überdosis von Schlaftabletten, zu vertuschen. Folgt man dieser Version, dann handelt es sich bei Williams Tod also nicht um einen tragischen Unfall, sondern um Selbstmord.

„Lüge ist das Gesetz unseres Lebens, es gibt zwei Wege daraus: Alkohol ist der eine, der Tod der andere“, heißt es in der „Glasmenagerie“. Die Wahrheit über seinen eigenen Tod kennt Tennessee Williams allein. Begraben liegt der zweifache Pulitzer-Preisträger und Erfinder von „Big Daddy“ in den Südstaaten, auf dem Friedhof von St. Louis.

Mi 16. März 1938 – Egon Friedell

Er betätigte sich als Literat, Dramatiker, Essayist, aber auch als Kabarettist und Schauspieler – Egon Friedell war ein Tausendsassa im Wiener Kulturleben. Nicht wenige sahen in ihm einen „genialen Dilettanten". Seine mehrbändige „Kulturgeschichte der Neuzeit" (1927-31) und „Kulturgeschichte des Altertums" (1936) galten lange Zeit als unterhaltsame Standardwerke für jeden Hobbyhistoriker und Kulturwissenschaftler.

---

* 21.01.1878 in Wien, Österreich
+ 16.03.1938 in Wien, Österreich
Begraben auf dem Wiener Zentralfriedhof, Österreich

Zur Seite, bitte!

Als es am Mittwochabend gegen 22:00 Uhr an der Haustüre der Wohnung in der Wiener Gentzgasse 7 läutet, liegt Egon Friedell leger im Hausmantel gekleidet auf dem Diwan. Seine Frau Hermine ist bereits zu Bett gegangen. Bei ihm ist noch die Nachbarin Herma Kotab. Sie ist es auch, die zu später Stunde die Türe öffnet. Ob *„da der Jud Friedell"* wohne, wollen zwei junge Männer in SA-Uniform wissen. *„Wenn Sie Herrn Dr. Friedell meinen, der wohnt hier"*, antwortet Herma[76]. Dann geht es Schlag auf Schlag: Die erwachte Gattin Hermine stößt beim Anblick der Uniformierten einen Schrei aus, Hermas Mann Franz kommt die Treppenstufen hinaufgeeilt. Egon Friedell, die Gunst der Verwirrung nutzend, flüchtet in die Bibliothek und verschließt die Türe hinter sich. Im angrenzenden Schlafzimmer öffnet er die Jalousie und tritt auf das Fenstersims. Drei Stockwerke geht es von da aus in die Tiefe hinaus auf die Semperstraße. Höflich warnt der 60-jährige die Passanten: *„Bitte beiseite treten, ich springe!“*[77] Dann stürzt er sich aus dem Fenster.

Fünf Tage zuvor. Am Freitag, den 11. März 1938, herrscht eine fiebrig-aufgeheizte Stimmung in Wien. Der österreichische Kanzler Schuschnigg hält seine letzte Ansprache: *„Ich weiche der Gewalt. Gott schütze Österreich“*[78]. Obgleich vor Jahren zum evangelischen Glauben übergetreten, rechnet Friedell mit dem Äußersten: *„Jedenfalls bin ich immer in jedem Sinn reisefertig“*[79], schreibt er am selben Tag an Ödön von Horváth. Einen Tag später überqueren deutsche Soldaten die Grenze zu Österreich, ohne dass ein Schuss fällt. Am 15. März hat Adolf Hitler seinen triumphalen Auftritt auf dem Wiener Heldenplatz. 150.000 Menschen bejubeln den Anschluss Österreichs mit „Sieg Heil“-Rufen. Im Hintergrund organisiert Himmler währenddessen die Jagd auf „reichsfeindliche Elemente“. Innerhalb weniger Tage werden bis zu 70.000 Menschen verhaftet, Tausende Juden ins KZ von Dachau gebracht. *„Die Unterwelt hatte ihre Pforten aufgetan und ihre niedrigsten und scheußlichsten, unreinen Geister losgelassen“*[80], notiert Zeitzeuge Carl Zuckmayer. Das Angebot eines Freundes, vorübergehend in München unterzutauchen, lehnt Friedell ab. Seine Gedanken kreisen um den Selbstmord. Doch anders als in seiner zehn Jahre zuvor satirisch-fingierten Pressemeldung über seinen *„Alkoholvergiftungsversuch mit Punschtorte“*[81], ist es ihm dieses Mal bitterer Ernst. Er bittet Freunde um Gift oder eine Pistole. Doch seine Freunde reden auf ihn ein, wollen ihn vom Suizid abbringen. Am Abend vor seinem Tod übergibt Friedell seiner Nachbarin Herma ein Kuvert mit dem zweiten Teil seiner „Kulturgeschichte des Altertums“ sowie der Erzählung „Die Reise mit der Zeitmaschine“, eine ironische Hommage an H.G. Wells berühmten Science-Fiction-Roman „Die Zeitmaschine". Doch anders als dem Protagonisten steht Friedell in jenen dramatischen Tagen keine Zeitmaschine zur Verfügung. Mit dem tragischen Fenstersturz am 16. März 1938 endet seine eigene Zeitreise.

Schnell hat sich um den Toten in der Semperstraße eine Menschentraube versammelt. Neben der SA und Nachbar Franz Kotab kommen ein Notarzt sowie Friedells Hausarzt Dr. Pollak hinzugeeilt. Da Friedell lediglich eine leichte Kopfverletzung aufweist, äußert Dr. Pollak gegenüber Hermine die Vermutung, dass ihr Gatte bereits während des Sturzes an Herzversagen verstorben sei.

Am nächsten Morgen wird der Tote zunächst in die Leichenhalle des jüdischen Friedhofs gebracht, wo ein Herzstich vorgenommen wird. So hatte es Friedell verfügt, um sicher zu gehen, nicht als Scheintoter begraben zu werden. Die Beerdigung findet dann am 21. März 1938 auf der evangelischen Sektion des Wiener Zentralfriedhofs statt. Anwesend sind neben den Kotabs nur wenige Familienmitglieder. Viele Freunde und Bekannte sind bereits auf der Flucht oder von den Nazis verhaftet.

Während seine mehrbändige „Kulturgeschichte der Neuzeit" schon zu seinen Lebzeiten erschien, gerät der unveröffentlichte zweite Band der „Kulturgeschichte des Altertums" auf mysteriösen Umwegen nach Oslo, wo er 1940 zuerst in norwegischer Sprache veröffentlicht wird.

„Das schlimmste Vorurteil, das wir aus unserer Jugendzeit mitnehmen, ist die Idee vom Ernst des Lebens", schrieb Friedell 1905 in „Der Fackel". Und so bleibt Egon Friedell vor allem als genialer Dilettant seiner Zeit der Nachwelt in Erinnerung.

Do 22. März 1832 – Johann Wolfgang von Goethe

Johann Wolfgang von Goethe gilt bis heute als der bedeutendste deutsche Dichter, seine Werke wie „Wilhelm Meister“ oder „Faust“ zählen zu den Höhepunkten der Weltliteratur. Mit seinem Briefroman „Die Leiden des jungen Werthers“ (1774) gelang dem Dichter der erste internationale Bestseller.

---

* 28.08.1749 in Frankfurt
\+ 22.03.1832 in Weimar
Begraben in der Fürstengruft von Weimar

Mehr und weniger Licht

Donnerstag, der 22. März 1832, ist ein freundlicher Frühlingstag in Weimar. Der 82-jährige Goethe sitzt vormittags in Decken eingehüllt in seinem Lehnstuhl, die Fenster sind abgedunkelt. Seit Tagen leidet der Dichter an einer fiebrigen Infektion der Atemwege, und die Anwesenden fürchten das Schlimmste. Goethe trinkt Wein, wird mit Meerrettich-Kompressen behandelt, schreibt mit dem Zeigefinger etwas in die Luft. Vielleicht zitiert er sich selbst aus dem „Faust“: *„Vorbei! ein dummes Wort.“* Sekretär Eckermann ist bei ihm, seine Schwiegertochter Ottilie, der Hofmediziner Dr. Vogel und weitere Freunde und Verehrer. Die, die nicht da sind, hat er überlebt: Dazu zählen Weggefährten wie Friedrich Schiller und Herzog Carl August, aber auch seine Frau Christiane und sein Sohn August. Dem greisen Goethe ist es etwas unbequem im Stuhl, und er verlangt: „*Mehr Licht!*“ Dann erlischt bei ihm das Lebenslicht, vermutlich nach einem Herzversagen. In der von Ottilie von Goethe verfassten Todesanzeige heißt es am folgenden Tag:

„Gestern Vormittags halb Zwölf Uhr starb mein geliebter Schwiegervater, der Großherzogl. Sächsische wirkliche Geheime-Rath und Staatsminister Johann Wolfgang von Goethe nach kurzem Krankseyn, am Stickfluss in Folge eines nervös gewordenen Katharrhalfiebers. Geisteskräftig und liebevoll bis zum letzten Hauche, schied er von uns im drei und achtzigsten Lebensjahre.“[82]

Am Freitag, den 23. März, wünscht Sekretär Eckermann den Leichnam noch einmal zu sehen:

„Sein treuer Diener Friedrich schloss mir das Zimmer auf, wo man ihn hingelegt hatte. Auf dem Rücken ausgestreckt, ruhte er wie ein Schlafender; tiefer Friede und Festigkeit waltete auf den Zügen seines erhaben-edlen Gesichts. Die mächtige Stirn schien noch Gedanken zu hegen. Ich hatte das Verlangen nach einer Locke von seinen Haaren, doch die Ehrfurcht verhinderte mich, sie ihm abzuschneiden. Der Körper lag nackend in ein weißes Bettuch gehüllet, große Eisstücke hatte man in einiger Nähe umhergestellt, um ihn frisch zu erhalten so lange als möglich. Friedrich schlug das Tuch auseinander, und ich erstaunte über die göttliche Pracht dieser Glieder. Die Brust überaus mächtig, breit und gewölbt; Arme und Schenkel voll und sanft muskulös; die Füße zierlich und von der reinsten Form; und nirgends am ganzen Körper eine Spur von Fettigkeit oder Abmagerung und Verfall. Ein vollkommener Mensch lag in großer Schönheit vor mir, und das Entzücken, das ich darüber empfand, ließ mich auf Augenblicke vergessen, dass der unsterbliche Geist eine solche Hülle verlassen. Ich legte meine Hand auf sein Herz, – es war überall eine tiefe Stille, – und ich wendete mich abwärts, um meinen verhaltenen Tränen freien Lauf zu lassen.“[83]

Bei allem Respekt gegenüber dem Toten – Eckermanns Bericht erinnert eher an eine mythisch verklärende Darstellung, wie man sie von mittelalterlichen Heiligenlegenden her kennt, als an eine naturalistische Beschreibung des Leichnams eines über 80-jährigen.

Goethe, der sich als 25-jähriger mit seinem Romandebüt „Die Leiden des jungen Werthers" in den Dichter-Olymp katapultiert hatte, hat auf dem Feld der Poesie viele Lorbeerkränze errungen. Doch all diese literarischen Erfolge wogen in seinen Augen nichts. Zu schmerzhaft war ihm der Umstand, auf dem Feld der Naturwissenschaften gescheitert zu sein. Als im Jahr 1810 seine „Geschichte der Farbenlehre" erschien (mit über 1.400 Seiten Goethes mit Abstand umfangreichste Werk), sahen nicht wenige Zeitgenossen darin „eine Verirrung des Dichters ins Dilettantentum"[84]. Goethe setzte alles daran, Newtons Farbenlehre zu widerlegen. Worum geht es im Kern? Der Physiker Isaac Newton (1643-1727) hat in einem Experiment gezeigt, dass sich ein weißer Lichtstrahl, wenn man ihn auf ein Prisma treffen lässt, in Spektralfarben aufspaltet bzw. sich diese Spektralfarben, wenn man sie in einer Linse bündelt, wieder zu weißem Licht vereinen. Goethe sah darin nur bizarre Lichtspiele, erzeugt in einer künstlichen Laborsituation. Um Newton ad absurdum zu führen, drehte er das Experiment um: Bei Tageslicht lässt er einen Schatten auf ein Prisma fallen und diese „Finsternisstrahlen" fächern sich in ganz andere Spektralfarben auf (genauer gesagt in die Komplementär-Spektralfarben, wie man heute weiß). Goethe hielt Newton für Unsinn: Seiner Theorie nach entstehen Farben in der Grauzone zwischen Licht und Dunkelheit. Trotzig hält er an seiner These fest:

„Auf alles, was ich als Poet geleistet habe, bilde ich mir gar nichts ein ... Daß ich aber in der schwierigen Wissenschaft der Farbenlehre der einzige bin, der das Rechte weiß, darauf

tue ich mir etwas zugute, und ich habe ein Bewusstsein der Superiorität.“[85]

Physiker und Naturwissenschaftler mochten der „Superiorität“ des bornierten Dichters nicht folgen und hielten sich weiterhin an Newton.

Trotz dieses missratenen Ausritts in das Feld der Naturwissenschaften wird die Lichtgestalt Goethe posthum im Hausflur mit einem Lorbeerkranz versehen und in halbaufrechter Position aufgebahrt, so als schriebe er gerade. Der Zeichner Friedrich Preller hält diesen Moment in etlichen Skizzen fest, unzählige Trauergäste erweisen dem Toten die letzte Ehre. Als Goethe am 26. März 1832 seine letzte Reise in die Fürstengruft antritt, säumen mehr als 5.000 Menschen den Weg.

Einer jüngeren Quelle zufolge wollte Goethe kurz vor seinem Ableben noch unbedingt den Philosophen Ludwig Wittgenstein kennen lernen, um mit ihm über „Das Zweifelnde und das Nichtzweifelnde“ zu debattieren. Trotz Eckermanns Einwände lud der Dichter den in Oxford (oder Cambridge) lebenden Philosophen zum 22. März 1832 nach Weimar ein. Warum Wittgenstein (1889-1951) nicht kommen konnte und was tatsächlich Goethes letzte Worte waren, das verrät uns der österreichische Autor Thomas Bernhard in seiner Kurzgeschichte „Goethe schtirbt!“ (1980).

Di 23. März 1819 – August von Kotzebue

Kotzebue, heute weitgehend vergessen, war einer der populärsten Autoren seiner Zeit. In seiner Provinzposse „Die deutschen Kleinstädter" (1803) hält er seinen Zeitgenossen genüsslich den Spiegel vor und legt damit den Grundstein für die sog. „Krähwinkel-Literatur". Der „Meister des Banalen" gilt gleichzeitig als Begründer der Trivialliteratur und gehörte zu den Spitzenverdienern seiner Zeit. Politisch war er jedoch wegen seiner reaktionären Gesinnung und seiner Tätigkeit für den russischen Zaren umstritten.

---

* 03.05.1761 in Weimar
+ 23.03.1819 in Mannheim
Begraben auf dem Mannheimer Hauptfriedhof

Mord in A2, 5

Am Dienstag, den 23. März 1819 gegen 10:00 Uhr morgens, klopft in Mannheim in Quadrat A 2 ein junger Mann an der Tür des Hauses mit der Nummer 5. Es ist die mondäne Wohnung von August von Kotzebue, einem der bekanntesten Diplomaten und Schriftsteller seiner Zeit. Ein Diener öffnet. Der Unbekannte nennt sich Heinrichs, er sei ein lettischer Student aus Mitau und wünsche auf seiner Durchreise beim berühmten Dichter vorzusprechen. Kotzebue sitzt zu dieser Zeit im Obergeschoss am Schreibtisch, hat zu tun und lässt den Besucher abweisen. Doch der junge Mann mit dem Dolch im Gewand ist wild entschlossen. Penibel hat er sich auf das

Attentat vorbereitet, anatomische Zeichnungen studiert, den Umgang mit der Waffe an einer Attrappe geübt. Gegen Mittag klopft er erneut an, jedoch ist Kotzebue ausgegangen. Man sagt ihm, er solle es zwischen 16:00 und 17:00 Uhr erneut versuchen.

Zur genannten Zeit steht der junge Student wieder vor dem Wohnhaus und – wird eingelassen. Ein Diener führt ihn die Treppen hinauf, wo er von Kotzebue empfangen wird. Nach einem freundlichen Smalltalk zückt der junge Mann plötzlich seinen Dolch aus dem Gewand und sticht Kotzebue mitten ins Gesicht: *„… hier, du Verräter des Vaterlandes!“*[86]

Die Klinge bleibt zunächst im Oberkiefer stecken, und der Student hat große Mühe, sie herauszuziehen. Als der Attentäter zum zweiten Hieb ausholt, hebt Kotzebue reflexartig die Arme, um sich zu schützen. Jetzt ist die Bahn frei für den Todesstoß. Mit voller Wucht haut er den Dolch in die linke Brust, trifft Herz und Arterie. Just in diesem Moment erscheint Kotzebues vierjähriger Sohn. Auf der Türschwelle verharrend, muss er mit ansehen, wie sein Vater blutüberströmt und tödlich verletzt zu Boden sinkt.

Ist Kotzebue tatsächlich ein Vaterlandsverräter und russischer Spion, wie es deutsche Burschenschaftler vermuten? Für viele ist er zumindest der Begründer der Trivialliteratur. Sein Durchbruch als Bühnenautor gelingt ihm 1789 mit „Menschenhass und Reue“, einem Rührstück über eine verheiratete Frau, die einen Seitensprung begeht und am Ende ihren Gatten um Verzeihung bittet. Viele Zuschauer schluchzen und rufen aus: Bei mir war's genauso! *„Hier zerfloß das Theaterpublikum in ganz Europa in Tränen!“*[87] Danach haut Kotzebue ein Stück nach dem nächsten raus, an die 200 sind es am Ende, er verfasst Romane und politische Streitschriften und ist einer der bestbezahlten Autoren seiner Zeit. Allein Goethe hat etliche Stücke des *„Thränenschleusen-Directors“*[88] – wie er Kotzebue geringschätzig nannte – in Weimar zur Aufführung gebracht. Doch August von Kotzebue entpuppt sich zusehends als reaktionär – er wendet sich gegen Napoleon, gegen Klassik und Romantik und gegen die revolutionsbegeisterte Jugend. Kotzebue verscherzt es sich nicht nur mit Goethe und seiner Geburtsstadt Weimar, sondern er wird auch immer mehr zum Feindbild der deutschen Burschenschaften. Besonders verdächtig macht ihn seine diplomatische Tätigkeit für den russischen Zaren. Vor Napoleons Armee im Jahr 1816 nach St. Petersburg geflüchtet, kehrt er alsbald darauf als russischer Konsul zurück und bezieht fortan ein fürstliches Jahresgehalt von 15.000 Rubeln. Im Gegenzug versorgt er den Zaren mit politischen Informationen. Radikale Studenten aus Jena schmieden daher ein Mordkomplott. Am 23. März wird der erst vierundzwanzigjährige Attentäter mit einem Schlag ebenso berühmt wie sein Opfer; sein richtiger Name lautet Karl Ludwig Sand.

Nach dem Mordanschlag im Hause Kotzebues kommen rasch Bedienstete herbeigeeilt. Sand will sich nun selbst das Leben nehmen, sticht auf sich ein, doch verletzt er sich nur leicht. Voller Panik rennt er hinaus auf die Straße, sticht dort abermals auf sich ein und verliert das Bewusstsein. Polizisten bringen den Attentäter schließlich ins Wundhospital. In seinen Manteltaschen finden sie ein Pamphlet mit dem Titel „Todesstoß dem August von Kotzebue“. Der anschließende Prozess vor dem Mannheimer Hofgericht zieht sich über ein Jahr hin und endet mit dem Todesurteil. Am 20. Mai 1820 wird Karl Ludwig Sand unweit des Zuchthauses auf der Glaciswiese vor dem Heidelberger Tor in Q 6 öffentlich enthauptet.

Infolge des aufsehenerregenden Attentats kommt es 1819 zu den ersten Anti-Terrorgesetzen, den „Karlsbader Beschlüssen“. Aus Angst vor revolutionären Ausschreitungen beschließen die Fürsten unter der Führung Metternichs eine Beschränkung der Pressefreiheit, die Überwachung der Universitäten und Burschenschaften sowie die Schließung der populären Turnvereine. Auch werden liberal oder national gesinnte Professoren ihres Amtes enthoben. Die Zensur wird eingeführt, die viele Schriftsteller fortan in Bedrängnis bringen wird.

Während Kotzebues Nachruhm schnell verblasst – von seinen Stücken findet man heute allenfalls das Lustspiel „Die deutschen Kleinstädter“ (1803) auf dem Spielplan deutscher Bühnen –, steigt mit den Jahren das Interesse an dem Attentäter: Alexander Puschkin widmet ihm 1825 das Gedicht „Der Dolch“, Alexandre Dumas die Novelle „Karl Ludwig Sand“ (1836). Es folgen viele weitere literarische Werke. Im Jahr 1971 erscheint in Deutschland auch ein Film mit dem Titel „Sand“ – das Drehbuch lieferte der Dramatiker Tankred Dorst.

August von Kotzebue liegt auf dem Mannheimer Hauptfriedhof begraben, unter einem kunstvollen Quader aus Mainsandstein, gestützt von zwei Theatermasken. Nur wenige Meter entfernt ruht sein Mörder Karl Ludwig Sand.

Fr 28. März 1941 – Virginia Woolf

Als *„Joyce für Damen“*[89] wurde sie von Kritikern ironisch betitelt. Die englische Schriftstellerin Virginia Woolf ist eine literarische Spätzünderin. Ihr düsteres viktorianisches Elternhaus, der sexuelle Missbrauch durch ihre Brüder, ihre Geisteskrankheit – das sind ihre Themen. In Artikeln und Briefen erweist sie sich zudem als scharfsinnige Kritikerin der britischen Upperclass. In ihren Schriften fordert sie „Ein Zimmer für sich selbst“ und setzt sich für Frauenrechte ein. Heute gilt sie als eine der einflussreichsten feministischen Autorinnen des 20. Jahrhunderts.

---

* 25.01.1882 in London, England

\+ 28.03.1941 in der Ouse, England

Begraben auf ihrem Anwesen Monk's House in Rodmell, England

Ophelia in der Ouse

Am Freitagvormittag, den 28. März 1941, sitzt die 59-jährige Virginia Woolf in der Gartenlaube ihres Anwesens in Rodmell und schreibt ihre letzten Zeilen:

> *„Liebster, ich bin mir sicher, ich werde wieder verrückt. Mein Gefühl sagt mir, dass wir nicht ein weiteres Mal diese schrecklichen Zeiten überstehen. Denn dieses Mal werde ich nicht wieder genesen. Ich beginne, Stimmen zu hören, und ich kann nicht mehr klar denken. Also tue*

ich, was mir das Beste scheint. Du hast mir das größtmögliche Glück geschenkt. Du bist mir alles gewesen, was einem jemand bedeuten kann. Ich glaube nicht, dass zwei Menschen hätten glücklicher sein können, bis diese schreckliche Krankheit aufkam. Ich kann nicht mehr kämpfen. […] Ich verdanke Dir alles Glück in meinem Leben. Du bist mit mir unendlich geduldig gewesen und unglaublich liebevoll. Ich will nur sagen, was jeder weiß. Wenn mich irgendwer hätte retten können, Du wärst es gewesen. Auch wenn mich alles verlassen hat, so bin ich mir Deiner Güte gewiss. Ich kann Dein Leben nicht länger zerstören.

Ich glaube nicht, dass es je zwei glücklichere Menschen gab als uns.

V."[90]

Virginia Woolf steckt den Abschiedsbrief in ein Kuvert und adressiert ihn an Leonard. Es ist ein typisch britisch-nasskalter Märztag. Noch am Vortag war sie mit ihrem Gatten bei einer befreundeten Ärztin in Brighton, um Therapiemöglichkeiten zu erörtern. Doch an Heilung mag Virginia nicht mehr glauben. Mit einem Pelzmantel bekleidet, geht sie gegen Mittag an der nahe gelegenen Ouse spazieren, die wegen der Regenfälle über die Ufer getreten ist. An einer Bank macht sie halt, legt Hut und Stock ab. Dann füllt sie am Flussufer ihre Manteltaschen mit schweren Steinen und steigt ins Wasser.

Die Hoffnung stirbt zuletzt. Obwohl alles dafür spricht, dass sich Virginia Woolf ertränkt hat, bangen die Familienglieder weiter. So äußert sich ihr Schwager: „*Für einige Tage hofften wir wider aller Hoffnung, sie wäre verwirrt umhergewandert und würde in einer Scheune oder in einem Dorfladen aufgefunden. Doch jetzt ist alle Hoffnung dahin; allein – so-*

lange ihr Leichnam nicht aufgefunden ist, kann sie nicht für tot erklärt werden.“[91]

Virginia Woolf gilt als frigide, Männer lassen sie kalt. Anders ist es bei Frauen, zu ihnen fühlt sie sich hingezogen. Und so inspiriert sie ihre um zehn Jahre jüngere Geliebte Vita Sackville-West zu ihrem „Orlando“ (1928). Mit diesem Roman über einen Jüngling, der sich im Laufe der Jahrhunderte in eine Frau verwandelt, wird sie posthum zur Großmutti der Transgender-Forschung.

Dennoch heiratet Virginia mit 30 Jahren den jüdischen Verleger Leonard Woolf. Doch bereits ein Jahr nach der Hochzeit begeht sie 1913 ihren ersten Selbstmordversuch. Sie hört Stimmen, die sie zu Wahnsinnstaten anstiften, und springt aus dem Fenster. Anschließend, ans Bett gefesselt, glaubt sie, die Singvögel sprächen Griechisch und im Garten schleiche König Edward VII. umher, obszöne Dinge redend. Ein halbes Jahr dauert der wirre Zustand an, den sie anschließend nie wieder erleben möchte. Leonard steht dessen ungeachtet fest an ihrer Seite. Er gibt ihr Halt, toleriert ihre lesbischen Liebschaften, strukturiert den Alltag. Die Ehe bleibt kinderlos, und vielleicht liegt ihr Glück eben genau darin begründet, dass Sexualität in dieser Beziehung offenbar keine Rolle spielt. In den folgenden Jahren schreibt Virginia Woolf etliche Romane. Ihr Essay „Ein Zimmer für sich allein“ (1929) über die miserablen Umstände, unter denen Schriftstellerinnen wirken, wird zur Pflichtlektüre der aufkeimenden Frauenbewegung. Doch im Hintergrund lauert immer die Angst vor dem Wahnsinn. *„Als Erfahrung ist Wahnsinn großartig und nichts, worüber man die Nase rümpfen sollte; und in seiner Lava finde ich noch immer die meisten Dinge, über die ich schreibe“*[92], so Woolf in einem Brief an eine Freundin aus dem Jahr 1930. Eine lange Zeit hält sie mit dem Schreiben den Wahnsinn auf Distanz. Doch als 1941 die Stimmen wieder die Macht übernehmen, hat sie keine Kraft mehr, gegen sie anzukämpfen.

Drei Wochen nach ihrem plötzlichen Verschwinden wird Woolfs Leichnam am 18. April 1941 in der Nähe einer Brücke bei Southease aus der Ouse gefischt. Die Wasserleiche wird eingeäschert und die Überreste anschließend auf ihrem Anwesen in Monk's House unter Ulmen beigesetzt. Leonard Woolf hat ein Zitat aus ihrem Roman „Die Wellen" auf den Grabstein eingravieren lassen: *„Dir will ich mich entgegenwerfen, unbesiegt und ungebeugt, Oh Tod!"*

„Wer hat Angst vor Virginia Woolf?" – so lautet der Titel eines Theaterstücks von Edward Albee, das 1962 in New York zur Uraufführung kam und später erfolgreich verfilmt wurde. Ein gleich lautender Klospruch hatte Albee auf die Idee zu dem Titel gebracht. Was sein Beziehungsdrama ansonsten mit Virginia Woolf zu tun hat? Nichts.

Mo 14. April 1930 – Wladimir Majakowski

Die russische Revolution war seine Bühne, für Stalin war er *„der beste und begabteste Dichter der sowjetischen Epoche“*[93]**. Wladimir Majakowski steht heute mit seinen Gedichten („Wolke in Hosen“) und Bühnenstücken („Das Schwitzbad“) für den russischen Ableger des Futurismus. Aber er war nicht nur Ikone der künstlerischen Avantgarde, sein dekadenter, umtriebiger Lebensstil machte ihn auch zum Idol seiner Generation.**

---

* 19.07.1893 in Bagdadi, Georgien

\+ 14.04.1930 in Moskau, Russland

Begraben auf dem Nowodewitschi-Friedhof in Moskau, Russland

„Der Fall ist erledigt“

Am Samstag, den 12. April 1930, schreibt der 37-jährige Wladimir Majakowski in seiner Moskauer Wohnung seinen allerletzten Brief:

> *„An ALLE!*
> *Dass ich sterbe, dürft ihr keinem vorwerfen, und bitte – kein Gerede. So was ist dem Verstorbenen nicht recht. Mutter, Schwestern und Genossen, verzeiht – das ist keine Art (ich empfehle sie keinem), doch ich weiß keinen Ausweg mehr.*
> *[...] Wie man so sagt – der Fall ist erledigt,/das Boot meiner Liebe ist am Alltag zerschellt./Ich bin quitt mit*

dem Leben,/kein Aufrechnen nötig der einander verpassten Schmerzen,/Leiden und Beleidigungen.
Lebt wohl."[94]

Zwei Tage später, am Montagmorgen, macht der über 1,90 m große Hüne und Agitprop-Star der russischen Revolution ernst. Bei ihm ist die erst 20-jährige Schauspielerin Veronika Polonskaja. Seit Kurzem haben beide eine leidenschaftliche Affäre. Um 10:00 Uhr früh muss Veronika ins Theater zur Probe. Vielleicht wartet auch ihr Mann Michail Janschin auf sie. Majakowski fleht sie an, ihn nicht zu verlassen. Ist er angetrunken, hatte er zu wenig Schlaf, droht er sich zu erschießen? Gewiss ist: Um 10:15 Uhr verlässt Veronika die Wohnung. Kaum draußen, hört sie einen Schuss fallen und läuft zurück. Majakowski hat sich mit seinem Revolver ins Herz geschossen.

„[Er] lag mit ausgebreiteten Armen auf dem Teppich. Auf der Brust ein winziger Blutfleck ... Die Augen waren geöffnet, er blickte mich unverwandt an und bemühte sich, den Kopf zu heben. Als habe er etwas sagen wollen. Aber die Augen waren bereits ohne Leben. Gesicht und Hals waren gerötet, mehr als gewöhnlich. Dann fiel der Kopf zurück, und er wurde allmählich bleich."[95]

Die Revolution frisst ihre Kinder – und auch an Majakowski beginnt sie am Ende schon gewaltig zu nagen. Inspiriert von Marinettis futuristischem Manifest, formuliert er in jungen Jahren in seinem Gedicht „Wolke in Hose" (1915) sein marktschreierisches Programm: *„Nieder mit eurer Liebe. Nieder mit eurer Kunst. Nieder mit eurer Staatsordnung. Nieder mit eurer Religion.*"[96] Mit dem Umsturz 1917 ist seine große Zeit gekommen: *„In die Revolution tritt er ein wie in sein eigenes Haus!*"[97], urteilt sein Freund Wiktor Schklowski. Der umjubelte Dichter gestaltet auch Plakate, schreibt Bühnenstücke wie das „Mysterium Buffo" (1921) und „Die Wanze" (1929). *„Dichten ist wie*

Uran gewinnen: Arbeit ein Jahr, Ausbeute ein Gramm“[98], klagt der Revoluzzer, aber seine zahlreichen Werke besitzen hochexplosive Sprengkraft.

Majakowskis zweites großes Schlachtfeld ist die Liebe. Zunächst verliebt er sich in Lilja, die Frau seines Verlegers Ossip Brik, und gemeinsam führen sie eine Dreier-Beziehung. Während einer Vortragsreise durch die USA im Jahr 1925 beginnt er ein Verhältnis mit einer jungen Amerikanerin, drei Jahre später in Paris ist er mit der verheirateten Tatjana Jakolewa zusammen. All das macht ihn in den Augen der Parteiführung verdächtig. Er gilt als dekadent, als verkappter Bourgeois-Bolschewik. Am Ende wird er von der Geheimpolizei überwacht, werden ihm Reisen ins Ausland untersagt. Seine Bühnensatire „Das Schwitzbad“ (1930) über den überbordenden Bürokratismus, inszeniert von Wsewolod Meyerhold, wird angefeindet und nach wenigen Aufführungen abgesetzt. Auch er unterliegt fortan der Zensur. Majakowskis Revolutionsbegeisterung ist erlahmt: *„Auch mir/wächst die Agitpropkunst/zum Halse raus [...] Doch ich/bezwang mich,/trat/bebenden Hauchs/dem eigenen Lied/auf die Kehle.*“[99]

Im April 1930 ist der Dichter physisch und psychisch angeschlagen: Er leidet an einer Kehlkopfentzündung und unter Burn-out. Ärzte empfehlen ihm eine Auszeit. Auch seine Affäre mit Veronika scheint ohne Zukunft. Aber setzt Majakowski am Morgen des 14. Aprils seinem Leben selbst ein Ende? Nicht wenige gehen davon aus, dass der Dichter vom GPU (dem Vorläufer des KGB) ermordet wurde, sehen in ihm eines der ersten Opfer stalinistischer Säuberungsaktionen. Sie irritiert vor allem der Abschiedsbrief, der mit Bleistift verfasst wurde – Majakowski hat sonst nie mit Bleistift geschrieben.

Schon kurz nach Majakowskis Tod sind die Geheimpolizei GPU und ein Gerichtsmediziner vor Ort. Letzterer öffnet in einer Blitzaktion den Schädel des Toten, entnimmt das Gehirn und lässt es in das „Institut Mosga“ bringen. Das 1927 gegründete Institut dient der Erforschung sogenannter „Elitegehirne". Ziel der Forscher ist die Entwicklung eines kommunistischen Übermenschen. Während Majakowskis Gehirn im zerebralen Pantheon des Instituts seinen angestammten Platz erhält, wird der Leichnam mit zertrümmertem Schädel seinen geschockten Freunden übergeben. Dennoch gleicht seine Beerdigung am 17. April 1930 in Moskau einer Siegesparade. An die 150.000 Menschen erweisen dem Revoluzzer-Dichter die letzte Ehre. Majakowskis letzte Wohnung hinter der Lubjanka ist heute ein Museum.

Sa 23. April 1616 – William Shakespeare

Shakespeare gilt als das Jahrtausendgenie der Weltliteratur und ist auch heute noch einer der meistgespielten Dramatiker. Aber ob tatsächlich eben jener William Shakespeare aus Stratford all diese Meisterwerke verfasst hat, ist unter Literaturwissenschaftlern bis heute strittig.

---

* 23.04.1564 in Stratford-upon-Avon, England
\+ 23.04.1616 in Stratford-upon-Avon, England
Begraben in der Holy Trinity Church in Stratford-upon-Avon, England

---

„When shall we three meet again …"

Mitte April 1616 verabreden sich drei berühmte Autoren zu einem zünftigen Besäufnis. An dem Komasaufen beteiligen sich Michael Drayton, Ben Jonson und William Shakespeare. Theaterleute galten auch damals schon als besonders feierfreudig und trinkfest. Gut acht Jahre ist es her, dass der 52-jährige Shakespeare London verlassen und sich auf seinem Landsitz in Stratford zur Ruhe gesetzt hat. Wahrscheinlich erinnern sich die drei Dichter an jenem Abend an ihre große Zeit als Theatermacher, übertrumpfen einander mit Anekdoten und Schwänken aus der guten alten Zeit. Vielleicht verschüttet Shakespeares stets die Hälfte seines Pints, und die andren beiden Dichter lachen sich schlapp? Denn Shakespeare leidet seit geraumer Zeit unter einem heftigen Tremor, seine Hand zittert ständig. Wenige Tage später, am 23. April

1616, ist Shakespeare tot. Hat sich der Dichter dermaßen einen eingezimmert, dass er an den Folgen dieses Trinkgelages verstorben ist? Dies zumindest behauptet Zeitgenosse John Ward, seines Zeichens Vikar an der Holy Trinity Church in Stratford: *„Shakespeare, Drayton und Ben Jonson hatten ein fröhliches Treffen und so übermäßig viel getrunken, dass sich Shakespeare ein Fieber zuzog und verstarb.“*[100]

Doch nicht wenige Literaturwissenschaftler hegen Zweifel an dieser verkürzten Version der Todesumstände. Zum einen hat der Vikar seine Darstellung der Ereignisse erst zig Jahre später zu Protokoll gegeben, zum anderen hatte Shakespeare erst vier Wochen vor seinem Ableben sein Testament aufgesetzt. Sah er also sein Ende kommen? In seinem dreiseitigen Testament regelt er im Detail seinen Nachlass, teilt exakte Summen zu, an seine Tochter Judith, an seine Verwandten, aber auch Saufkumpane werden bedacht. Dass er seiner Gattin Anne ausgerechnet nur das „zweitbeste Bett“ (*„second best bed“*)[101] zugedachte, führt zu einigem Amüsement. Das Testament wurde am 25. März 1616 diktiert und mit Shakespeares zittriger Unterschrift rechtskräftig. Doch woher kommt Shakespeares Tremor? Ist das Zittern die Folge eines Schlaganfalls, und erlag der Dichter einem neuerlichen Anfall? Oder ist der Tremor ein Nervenschaden aufgrund quecksilberhaltiger Bäder – litt der Bühnenautor an einer Syphilisinfektion und verstarb an den fragwürdigen Behandlungsmethoden seiner Zeit? Wieder andere vermuten eine Typhusinfektion als todesursächlich – angeblich grassierte damals diese Seuche in eben jenem Landstrich. Aber warum von alldem kein Wort seitens des Vikars John Ward? Der Gemeindepfarrer des kleinen Städtchen Stratford-upon-Avon hätte es doch wissen können. Alles in allem bleiben Shakespeares Todesumstände so mysteriös wie der Verbleib seines „best bed“.

Immerhin der Verbleib seiner Gebeine scheint nun gesichert. *„Gesegnet sei, wer schonet diese Steine,/verflucht sei,* *wer bewegt meine Gebeine.“*[102] – wegen dieser warnenden Inschrift am Grab von Shakespeare hatte sich jahrhundertelang niemand getraut nachzuschauen. Im Frühjahr 2016, also 400 Jahre nach seinem Tod, haben britische Dokumentarfilmer den Sarkophag in der Holy Trinity Church in Stratford mit Radarstrahlen durchleuchtet und siehe da: Der Sarkophag ist nicht geplündert, sondern enthält tatsächlich menschliche Gebeine. Hier in Stratford-upon-Avon ruht also nach wie vor das „Jahrtausendgenie“, das die Menschheit mit so herzzerreißenden Liebesgeschichten wie „Romeo und Julia“, mit bluttriefenden Splatterstücken wie „Titus Andronicus“ und urkomischen Komödien wie den „Sommernachtstraum“ beschenkt hat. Und schon sein Dichterkollege und Saufkumpan Ben Jonson hatte in seinem Nekrolog auf Shakespeare prophezeit: *„He was not for an age, but for all time.“*[103] – *Er war nicht nur für ein Zeitalter, sondern für die Ewigkeit.*

Übrigens: Wann genau Shakespeare geboren wurde, ist unbekannt, lediglich sein Taufdatum ist überliefert. Der Einfachheit halber hat man später seinen Todestag auch zugleich zu seinem Geburtstag ausgerufen – das lässt sich leichter merken. Am selben Tag wie Shakespeare verstarb 1616 in Spanien Miguel de Cervantes, der mit seinem „Don Quichotte“ bis heute gegen Windmühlen anrennt. Anlass genug für die Unesco, den jeweiligen 23. April eines Jahres zum Welttag des Buches auszurufen.

Do 30. April 1942 – Jakob van Hoddis

Mit dem Gedicht „Weltende“ (1911) wurde Jakob van Hoddis zum Shooting-Star der Berliner Expressionisten-Szene. *„Diese zwei Strophen [...] schienen uns in andere Menschen verwandelt zu haben, uns emporgehoben zu haben aus einer Welt stumpfer Bürgerlichkeit, die wir verachteten ... Wir fühlten uns wie neue Menschen.“* – **Johannes R. Becher**[104]

---

* 16.05.1887 in Berlin

Deportiert am 30.04.1942, vermutlich Anfang Mai in einem KZ ermordet

Ohne Grab

Weltende in Bendorf

Am Donnerstag, den 30. April 1942, fährt in Bendorf die Gestapo mit LKWs vor die „Israelitischen Heil- und Pflegeanstalten“. Im Tal fließt gemächlich der Rhein, in der Ferne erspäht man die Silhouette von Koblenz. Die Nationalsozialisten haben die Schließung des jüdischen Heims für Nervenkranke beschlossen. An jenem Tag werden alle Insassen abtransportiert – wohin sie verfrachtet werden, ahnt niemand. Unter ihnen, mit der Nummer 7 versehen, befindet sich der 54-jährige Jakob van Hoddis.

So gewaltsam der Abtransport, so gewaltsam die erste Einweisung in eine Psychiatrie im Jahre 1912 in Berlin. Sein Freund Franz Pfemfert machte den Fall in der von ihm herausgegeben Zeitschrift „Die Aktion“ damals publik:

„Jakob van Hoddis wurde vor ungefähr fünf Wochen, am Morgen nach einer stundenlangen Redaktionskonferenz, die er mit mir hatte, von einem Arzt und zwei Helfern in seiner Wohnung heimgesucht, gepackt, mittels Einspritzung widerstandsunfähig gemacht und in eine Anstalt bei Nikolassee gesperrt. Die Internierung erfolgte auf Veranlassung seiner Angehörigen, mit denen er in Erbstreitigkeiten lebt. Briefliche Nachrichten, die er mir zu senden suchte, sind nie an meine Adresse gelangt; Jakob van Hoddis hatte aufgehört zu existieren, bis er dann die Gefahr eines Todessturzes geringer schätzte als den geistigen Tod unter unheilbar Geisteskranken und sich rettete.“[105]

Es ist nicht das letzte Mal, dass Jakob van Hoddis, der eigentlich Hans Davidsohn heißt, aus einer geschlossenen Anstalt ausreißt. Zu jener Zeit flieht er nach Paris und kehrt ein Jahr später völlig ausgebrannt nach Berlin zurück. Hier hält er 1914 seine letzten öffentlichen Lesungen. Mit seinem Gedicht „Weltende“ (1911) – das später auch der berühmten, von Kurt Pinthus herausgegebenen Lyrik-Anthologie „Menschheitsdämmerung“ voransteht –, hat er eine ganze Generation elektrisiert:

Dem Bürger fliegt vom spitzen Kopf der Hut,
In allen Lüften hallt es wie Geschrei,
Dachdecker stürzen ab und gehn entzwei
Und an den Küsten – liest man – steigt die Flut.

Der Sturm ist da, die wilden Meere hupfen
An Land, um dicke Dämme zu zerdrücken.
Die meisten Menschen haben einen Schnupfen.
Die Eisenbahnen fallen von den Brücken.

Jakob van Hoddis, der *„zwerghaft, verwahrloste, unrasiert, pickelig, mit einem reinigungsbedürftigen Wollschal“*[106] ausstaffierte Poet, entzückt das Berliner Publikum. Unter den Zuhörern befindet sich auch Else Lasker-Schüler:

„Auf einmal flattert ein Rabe auf, ein schwarzschillernder Kopf blickt finster über die Brüstung des Lesepults. Jakob van ? Er spricht seine kurzen Verse trotzig und strotzend, die sind so blank geprägt, man könnte sie ihm stehlen.“[107]

Doch es bleibt bei diesem One-Hit-Wonder. Zu seinen Lebzeiten erscheint gerade einmal ein schmales Lyrikbändchen mit 14 seiner Gedichte. Während 1914 die kriegsbegeisterte Jugend in den Ersten Weltkrieg zieht, diagnostizieren Ärzte bei Jakob van Hoddis eine „dementia praecox“ – eine beginnende Geisteskrankheit. Er leidet unter Wahnvorstellungen, und sein psychischer Gesundheitszustand verschlechtert sich zusehends. Von der Mutter entmündigt, vegetiert er zunächst in Pflegefamilien, später in Heilanstalten dahin. Anstatt Gedichte schreibt er Postkarten an sich selbst:

„Lieber Hans Davidsohn,
Hier werden täglich viele Stöcke gestohlen!
Herzl. Gruß Dein H.D.“[108]

Nach Hitlers Machtergreifung 1933 emigrieren Mutter und Schwester nach Palästina. Jakob van Hoddis wird im selben Jahr in die „Israelitischen Heil- und Pflegeanstalten“ von Bendorf verlegt. Laut Patientenberichten ein weitgehend unauffälliger Anstaltsinsasse:

„4. 1. 33. *Lebt auf der ruhigen Pensionärsabteilung B munter in den Tag hinein, raucht, spielt zuweilen Schach, sitzt aber auch oft bei Tag schlafend am Tisch im Tagraum.*
(Gewicht: 48,5)

10. 2. 33. *Wird ungnädig, wenn ihm etwas gegen den Willen geht, wenn ihm z. B. jemand sein Mützchen wegnimmt, das er auch im Zimmer gerne trägt, droht dann*

mit Backpfeifen u. macht entsprechende Bewegungen, die er aber vor dem betr. Körperteil seines Partners rasch abbremst. (Gewicht: 50,5)

Als vor einigen Tagen der Pfleger ihn anredete mit: ‚Herr Davidsohn', dreht der Pat. sich plötzlich um und sagte: ‚Herr Professor, müssen Sie zu mir sagen.' Im Ganzen ist er unverändert. Sehr oft wechselnd zwischen gemütlichem Lächeln und mürrischer Auflehnung."[109]

Ganze neun Jahre verbringt Jakob van Hoddis in dieser Anstalt, bis zu jenem 30. April 1942. An diesem Vormittag werden mit ihm über hundert Insassen abgeführt und ins polnische Lublin deportiert. Die Reise für die meisten endet in einem der umliegenden Vernichtungslager. Vermutlich in Sobibór wird Jakob van Hoddis im Frühlingsmonat Mai von den Nazis ermordet.

Di 09. Mai 1805 – Friedrich Schiller

Schiller begründete zusammen mit Goethe die „Weimarer Klassik". Seine Balladen („Die Bürgschaft"), sein dramatisches Werk („Wallenstein") und seine philosophischen Schriften („Über die ästhetische Erziehung des Menschen") zählen zum Kanon der Weltliteratur. Während Goethe zum Doppelbödigen und Symbolischen neigt, sind Schillers Helden stets aufklärerischen Idealen verpflichtet und sprühen vor Pathos und Leidenschaft.

---

* 10.11.1759 in Marbach
+ 09.05.1805 in Weimar
Begraben in Weimar

Schillers Tod und Goethes Beitrag

„Schiller ist todt" – das meldet am 16. Oktober 1804 eine Würzburger Zeitung[110]. Doch Totgesagte leben bekanntlich länger. Seit seiner ersten ernsthaften Erkrankung im Jahr 1791, einer schweren Rippenfellentzündung, kursieren immer wieder Gerüchte über sein Ableben. Schillers Krankenakte ist am Ende dicker als seine Werkausgabe. Obwohl von den Ärzten einmal mehr abgeschrieben, springt der Dichter dem Tod erneut von der Schippe. Im April 1805 scheint er soweit genesen, dass er wieder am gesellschaftlichen Leben teilnimmt. So besucht er am 1. Mai 1805 das Theater. Gegeben wird „Die unglückliche Ehe aus Delikatesse", ein Lustspiel von F.L. Schröder. Auf dem Weg ins Schauspielhaus kommt

es zur letzten flüchtigen Begegnung mit Goethe. Am späten Abend indessen verschlechterte sich sein Gesundheitszustand. *„Er hatte ein heftiges Fieber, daß ihm die Zähne klapperten. Als er zu Hause ankam, ward ein Punsch gemacht, durch den er sich zu erholen pflegte“*[111]. Auf die Frage nach seinem Befinden antwortet Optimist Schiller seiner Gattin Charlotte am 8. Mai zwar: *„Immer besser, immer heiterer.“*[112] Doch es folgt erneut eine unruhige Nacht. Über Weimar scheint der fast volle Mond. Schiller fantasiert, fällt immer wieder in Ohnmacht, hat Fieberträume. Auch faselt er unverständliches Zeug, zumeist auf Latein. Am Morgen nimmt er ein Bad und fällt anschließend erneut in Ohnmacht. Auf ärztliche Empfehlung hin wird ihm ein Glas Champagner gereicht, um den schwachen Kreislauf aufzupäppeln. Seine Frau Charlotte und seine Schwägerin Caroline sind bei ihm. Die vier Kinder sitzen bangend im Vorzimmer. Gegen 17:30 Uhr überfällt Schiller ein heftiger Nervenschlag. Er wird mit Moschus eingerieben, doch stabilisiert sich sein Zustand nur kurz. Um 17:45 Uhr folgt eine erneute Attacke und Schiller ist tot.

Die Schreckensnachricht verbreitet sich in Weimar wie ein Lauffeuer. Die Schauspieler sind geschockt, die abendliche Vorstellung wird abgesagt, das Theater bleibt geschlossen. Allein getraut sich niemand, Goethe diese traurige Botschaft zu überbringen. Als H. Meyer, an jenem Abend bei Goethe zu Gast, hinausgerufen und informiert wird, verlässt jener ohne Abschied zu nehmen das Haus. Und selbst Goethes Ehefrau Christiane Vulpius wiegelt ab, spricht von einem Ohnmachtsanfall Schillers. Erst am 10. Mai kommt er von selbst dahinter: Er ist tot! Goethe ist zutiefst getroffen.

Derweil obduzieren Leibarzt Dr. Huschke sowie Dr. Herder, Sohn des berühmten Gelehrten, den Leichnam und stoßen bei der Sektion im Trauerhaus an der Esplanade auf allerlei *„Merkwürdiges*:

1) Die Rippenknorpel waren durchgängig und sehr starck verknöchert.

2) Die rechte Lunge mit der Pleura[113] *von hinten nach vorne und selbst mit dem Herzbeutel ligamentartig so verwachsen, daß es kaum mit dem Messer gut zu trennen war. Diese Lunge war faul und brandig, breiartig und ganz desorganisirt.*

3) Die lincke Lunge beßer, marmorirt mit Eiterpunkten.

4) Das Herz stellte einen leeren Beutel vor und hatte sehr viel Runzeln, war häutig ohne Muskelsubstanz. Diesen häutigen Sack konnte man in kleine Stücke zerflocken.

5) Die Leber natürlich nur die Ränder brandig.

6) Die Gallenblase noch einmal so groß als im natürlichen Zustande und strotzend von Galle.

7) Die Milz um 2/3tel größer als sonst.

8) Der vordere concave Rand der Leber mit allen nahe liegenden Theilen bis zum Rückgrad verwachsen.

9) Die rechte und lincke Niere in ihrer Substanz aufgelößt und völlig verwachsen.

10) Auf der rechten Seite alle Därme mit dem Peritonfum[114] *verwachsen.*

11) Urinblase und Magen waren allein natürlich.

Bey diesen Umständen muß man sich wundern, wie der arme Mann so lange hat leben können."[115]

In aller Stille wird Schillers Leichnam in der Nacht vom 11. auf den 12. Mai 1805 im Kassengewölbe auf dem Weimarer Jakobskirchhof beigesetzt. Diese pietätlose Form der Beisetzung ist zwar nicht ungewöhnlich, stößt aber auch auf Kritik. So empört sich der Beamte Carl Leberecht Schwabe und spricht von einer „*Schande für Weimar, ja für ganz Deutschland […], wenn die Leiche des edelsten und geliebtesten Dichters von bezahlten, teilnahmslosen Menschen zu Grabe getragen würde, von Menschen, die keine Ahnung davon hätten, was Schiller für die deutsche Nation gewe-*

sen sei."[116] Immerhin ist Schiller-Verehrer Schwabe bei der nächtlichen Beisetzung anwesend und erweist dem Toten die letzte Ehre.

Allerlei „Merkwürdiges" ereignet sich auch Jahre später. Als 1826 die Aufnahmekapazität des Kassengewölbes an ihre Grenzen stößt, beschließt Schwabe, mittlerweile Bürgermeister von Weimar, die Exhumierung der sterblichen Überreste des Nationaldichters. Noch am gleichen Tag sichert sich Geheimrat Goethe Schillers Schädel. Zwar teilt er seinen Mitmenschen die Betrachtung in einem würdevollen Gedicht mit, doch hält Goethe den Schädel unter Verschluss. Niemand bekommt ihn vor seiner neuerlichen Beisetzung zu sehen – mit einer Ausnahme: Allein Wilhelm von Humboldt ist einmal der Anblick vergönnt.

Dass Goethe den Schillerschädel mit Argusaugen bewacht, schürt Misstrauen. Ist Schiller womöglich keines natürlichen Todes gestorben? Wurde er womöglich – wenn nicht von Goethe selbst – dann aber doch in seinem Auftrag vergiftet? Ist der Schädel das mögliche Beweisstück, das einem geübten Anatomen den wahren Todesumstand offenbart? Ein Motiv ist schnell zur Hand: Goethe sorgte sich um seinen Nachruhm, fürchtete, der um zehn Jahre jüngere Schiller könne ihm, wenn jener weiter werke und wirke, den Rang ablaufen. Und weiß nicht auch der Volksmund: Lieber hundert Feinde in Front, als ein Freund im Rücken?

Und die falsche Todesmeldung von Oktober 1804 in der Würzburger Zeitung – war dies eine versteckte Warnung an Schiller oder gar der Auftrag zum Mordkomplott an Geheimbündler? Eine Gemengelage oder besser ein Fest für alle Verschwörungstheoretiker. Einige von ihnen meinen dann auch, im „Faust II" fündig zu werden, Zeilen entdeckt zu haben, in denen Goethe verklausuliert den Mord an Schiller zugibt. Aber offen gesprochen: Im umfangreichen wie mythendurchtränkten Spätwerk kann jeder, so er denn will, alles Mögliche hineinlesen. So dick aufgetragen die Spekulationen, so dünn bleibt die Faktenlage.

Sicher ist: Der Schädel, den Goethe unter Verschluss hielt, war definitiv nicht Schillers Schädel. Auch ein zweites Skelett, das später ein Forscherteam aufgrund von Vermessungen als das echte identifiziert hat, ist nach jüngsten DNA-Analysen ebenfalls nicht das wahre. Schillers Gebeine sind bis heute nicht aufgefunden, der Sarkophag neben Goethe in der Weimarer Fürstengruft ist daher leer.

Sa 21. Mai 1949 – Klaus Mann

Klaus Mann war Journalist und Schriftsteller und vor allem eins – Sohn des berühmten Vaters und Nobelpreisträgers Thomas Mann. Er veröffentlichte Romane, Erzählungen und Bühnenstücke. Zu seinem bekanntesten Werk zählt der Roman „Mephisto" (1936), dessen posthume Veröffentlichung zu einem der größten Skandale in der Bundesrepublik führte. Denn Vorbild für die Romanfigur Höfgen, der unter den Nazis Karriere macht, war der berühmte Schauspieler Gustav Gründgens. Auf Betreiben der Angehörigen wurde die Verbreitung 1966 in der BRD verboten, da die Allgemeinheit kein Interesse daran habe, *„ein falsches Bild über die Theaterverhältnisse nach 1933 aus der Sicht eines Emigranten zu erhalten"*[117]**.** **Im Jahr 1981 erschien der Roman dennoch – und belegte kurz darauf Platz 1 der Bestsellerlisten.**

---

* 18.11.1906 in München

\+ 21.05.1949 in Cannes, Frankreich

Begraben auf dem Cemitière du Grand Jas in Cannes, Frankreich

---

Tod in Cannes

Der Mai 1949 ist ein verregneter an der Côte d'Azur. Wo sonst die Sonne die herrliche Landschaft in ein impressionistisches Gemälde verwandelt, tauchen nun dunkle Wolken Küste und Meer in düsteres Blei. Das triste Wetter findet in Klaus Manns Seele sein Spiegelbild. Gerade erst hat der morphiumsüchtige Schriftsteller eine 10-tägige Entziehungskur hinter sich, als er am Sonntag, den 15. Mai, nach Cannes zurückkehrt. „RIEN!"[118] – ist das Wort, das immer wieder in seinem Taschenkalender auftaucht: NICHTS!

Der vor dem Krieg mondäne Badeort ist im Mai 1949 verwaist. Jean Cocteau, mit dem Klaus Mann früher Opium rauchend die Nächte im „Welcome"-Hotel verbracht hatte, ist nicht da, André Gide, der in Nizza weilt, will ihn nicht sehen: *„Bedaure. Nicht in der Lage Sie zu empfangen."*[119] Gräfin Lilly Medem, die ebenfalls wie Mann im „Pavillon Madrid" abgestiegen ist, erinnert sich später: *„Er war ein Gast, der kein Gast war. Er hat sich nie mit mir unterhalten und blieb meistens auf seinem Zimmer."*[120]

Die nächtlichen Herrenbesuche sind den neugierigen Blicken der Gräfin offenbar entgangen. Am Montagabend, den 16. Mai, begibt sich Klaus Mann in die „Zansi-Bar". *„Ein ganz gemütlicher Keller, aber man verspreche sich keine Wunderdinge"*[121], schrieb er Jahre zuvor über diese einschlägige Szenekneipe in einem Reiseführer. Dort lernt er an jenem Abend einen Typen namens Louis kennen und verbringt mit ihm die Nacht (Kalendereintrag vom 17. Mai: *„Louis staying over night"*). Am Nachmittag setzt er sich erneut eine Morphiumspritze – *„a minor relapse"*, ein kleiner Rückfall, wie er im Kalender vermerkt. Der 42-jährige Junkie Klaus Mann ist keine *„Fotoschönheit"*[122] mehr wie früher. Aber wer ist dieser Louis? Ein Stricher, ein Matrose, eine Zufallsbekanntschaft? In jedem Fall ist Klaus Mann mit ihm erneut für Freitagabend um 22:00 Uhr in der Zansi-Bar verabredet.

Was genau geschieht in dieser letzten Nacht? Unwahrscheinlich, dass Louis mit ihm erneut eine Liebesnacht verbracht hat. Hat sich seine jüngste Bekanntschaft jemand anderem zugewandt? Oder ist sie gar nicht erst zur Verabredung erschienen? Stürzt eine Zurückweisung den Autor erneut in tiefe Verzweiflung, dass er sich später in der Pension

mit einer Überdosis an Schlaftabletten das Leben nehmen wird?

Ob in Amsterdam, Paris oder New York – Klaus Mann ist Partylöwe, Weltreisender, ein rastlos Getriebener ohne festen Wohnsitz. *„Er hat geschrieben, wie andre Leute atmen“*[123]: Bühnenstücke, Romane, Artikel – ein literarischer Berserker im Schatten seines übermächtigen Vaters, dem Literaturnobelpreisträger. Nazis und Kommunisten sieht er – anders als sein Vater – von Anfang an kritisch. Homosexualität und Faschismus sind seine Themen; er ist das, was man später einen „engagierten“ Schriftsteller nennen wird. Doch schon früh keimt in ihm jene Todessehnsucht, die auch in seinen Werken immer wieder durchklingt. Etliche Selbstmordversuche bleiben folgenlos, so wie jener im Sommer 1948 im kalifornischen Exil, als er sich die Pulsadern aufschneidet und den Gashahn öffnet.

„Warum begeht man Selbstmord? Weil man die nächste halbe Stunde, die nächsten fünf Minuten nicht mehr erleben will, nicht mehr erleben kann. Plötzlich ist man am toten Punkt, am Todespunkt. Die Grenze ist erreicht. Kein Schritt weiter! Wo ist der Gashahn? Her mit dem Phanodorm! Schmeckt es bitter? Was tut's? Das Leben hat nicht eben süß geschmeckt.“[124]

Hier in Cannes, wo er 1935 seinen „Mephisto“ geschrieben hat, scheint Klaus Mann in der Nacht vom 20. auf den 21. Mai 1949 endgültig am „Todespunkt“ angekommen. Gegen Samstagmittag klopft ein Zimmermädchen an der Türe. Keine Reaktion. Da die Tür verschlossen ist, ergreift Gräfin Medem die Initiative. Wagemutig hangelt sie sich von ihrem Balkon aus hinüber zum Nachbarzimmer. Dort findet sie Klaus Mann regungslos auf dem Bett liegend, auf den Boden mehrere leere Tablettenröhrchen verstreut. Umgehend wird Klaus Mann ins Lutetia-Krankenhaus gebracht. Alle Wiederbelebungsversuche scheitern. Um 18:00 Uhr stellen die Ärzte den Tod fest.

Thomas Mann ist derweil in Europa auf Vortragsreise unterwegs. Bei ihm sind seine Frau Katja sowie Tochter Erika. In Stockholm erreicht ihn die Hiobsbotschaft:

„Bei Ankunft im Hotel schwerster Chock. Telegramm, daß Klaus in der Klinik von Cannes in verzweifeltem Zustand liege. Bald darauf Telephonat mit seiner und E. Freundin dort: Mitteilung seines Todes. Langes Beisammensein in bitterem Leid. Mein Mitleid innerlich mit dem Mutterherzen und mit E. Er hätte es ihnen nicht antun dürfen. Die Handlung offenbar von ihm selbst unerwartet geschehen, mit Schlafkapseln, die er aus einer New Yorker Drogerie bezog. Sein Aufenthalt in Paris verhängnisvoll (Morphium). Viel über ihn und den von langer Hand unwiderstehlich wirkenden Todeszwang. Das Kränkende, Unschöne, Grausame, Rücksichts- und Verantwortungslose. Beratung auch über unsere Reisezukunft, ob alles abzubrechen und direkte Heimkehr geboten. In völliger Erschöpfung gegen 2 zu Bett.“[125]

Die „Ehrenreise“ wird nicht abgebrochen. Als Klaus am 24. Mai 1949 in Cannes auf dem Cemitière du Grand Jas beerdigt wird, ist von den literarischen Kennedys allein sein Bruder Michael anwesend. Dieser hatte seine Kreuzfahrt auf dem Mittelmeer abgebrochen und spielt auf seiner Bratsche ein Largo von Benedetto Marcello. Erst im Juni kommen die Eltern und Erika zum Grab. Ein Zitat aus dem Lukas-Evangelium, das er seinem unvollendeten Roman „The last day“ voranstellen wollte, ist nun auf der Grabplatte eingraviert:

„For Whosoever Will Save His Life Shall Lose It. But Whosoever Will Lose His Life […] The Same Shall Find It.“ [126]

SA 27. MAI 1939 – JOSEPH ROTH

Wie viele andere Dichter zwang das Naziregime auch den Österreicher Joseph Roth ins Exil. Seit 1933 lebte der Alki-Autor unter prekären Verhältnissen in Paris. Bereits in seinem ersten Roman „Das Spinnennetz" (1923) sah er den unheilvollen Aufstieg des Faschismus voraus. Zu seinen bekanntesten Werken zählt der „Radetzkymarsch" (1932), ein melancholischer Abgesang auf die versunkene k. u. k. Monarchie, die sich der bekennende Monarchist sehnlichst zurück wünschte.

---

* 02.09.1894 in Brody, Kaiserreich Österreich-Ungarn
+ 27.05.1939 in Paris, Frankreich
Begraben auf dem Friedhof von Thiais bei Paris, Frankreich

„Schnaps!" – Das war sein letztes Wort

Schwer zu sagen, wann er das letzte Mal nüchtern ins Bett gefallen ist. Wahrscheinlich weiß es Joseph Roth selbst nicht. Der jüdisch-galizische Schriftsteller verlässt nach Hitlers Machtergreifung 1933 Berlin und geht ins Exil. *„Inzwischen wird es Ihnen klar sein, daß wir großen Katastrophen zutreiben."* schreibt Roth am Tag von Hitlers Machtergreifung an Stefan Zweig. *„Abgesehen von den privaten – unsere literarische und materielle Existenz ist ja vernichtet – führt das Ganze zum neuen Krieg. Ich gebe keinen Heller mehr für unser Leben. Es ist gelungen, die Barbarei regieren zu lassen. Machen Sie sich keine Illusionen. Die Hölle regiert."*[127] Im Jahr 1936 folgt Roth einer Einladung Zweigs nach Ostende. Hier lernt er die ebenfalls emigrierte Schriftstellerin Irmgard Keun kennen. Beide beginnen eine Affäre und ziehen nach Paris. Das Paar verbindet vor allem eins, die Liebe zum Alkohol. *„Die beiden saufen wie die Löcher“*[128], so bringt es Freund Egon Erwin Kisch nüchtern auf den Punkt. Nach dem Aus der Beziehung mietet sich Jospeh Roth im Pariser Hotel Foyot ein. Als diese Bruchbude im Quartier Latin zwei Jahre später abgerissen wird, bezieht er 1939 ein freies Zimmer direkt über seinem Stammlokal, dem Café „Le Tournon“. Obwohl sich seine journalistischen Arbeiten und seine Romane wie „Hiob“ (1930) und „Die Kapuzinergruft“ (1938) glänzend verkaufen, muss der von Alkoholexzessen gezeichnete Schriftsteller immer wieder Freunde anpumpen. Auch fühlt er sich schuldig, dass seine Frau Friedl an Schizophrenie erkrankt ist und seit Jahren in einem österreichischen Irrenhaus einsitzt. *„Ich habe Sorgen, Sorgen, und es geht mir schlecht. Bitte, bitte, verschaffen Sie mir Freiheit. Ich kann nicht mehr so leben, ich werde umkommen.“*[129] wendet er sich hilfesuchend an Stefan Zweig. *„Um Gottes Willen Freund, sammeln Sie sich, ich habe zum ersten Mal wirkliche Angst um Sie. Machen Sie mit dem Saufen Schluss!“*[130], fleht ihn der Freund und Schriftsteller an – und schickt ihm wieder Geld. Geld, das Roth umgehend im „Tournon“ versaufen wird. Hier trifft er abends auf Freunde und Bewunderer und lässt sich regelmäßig um 21:00 Uhr von der Patronin eine Portion Sauerkraut auftischen, bevor er um ein Uhr nachts mit einer Flasche Cognac unterm Arm auf sein Zimmer entschwindet[131].

Am Dienstag, den 23. Mai 1939, erfährt Roth im „Tournon“, dass sich tags zuvor sein in die USA emigrierter Freund und Schriftstellerkollege Ernst Toller im Mayflower Hotel in New York erhängt hat. Die Todesnachricht versetzt Roth einen Schlag. Mit zittrigen Händen trinkt er noch einen Armagnac. Dann erleidet er einen Zusammenbruch und wird umgehend ins nahe gelegene Hospital Necker eingeliefert. Ein Armenhospital ohne jeglichen Komfort. Als sich Roth eigenmächtig davonstehlen will, wird er kurzerhand von Pflegern an sein Bett gefesselt. Der alkoholkranke Schriftsteller durchleidet schwerste Entzugserscheinungen, verfällt in ein Delirium tremens. Er bekommt Fieber, verkühlt sich, hat Wahnvorstellungen. Immer wieder schreit er nach „Schnaps!“

Roth ist ein Entwurzelter in jeder Hinsicht – die Teilnahme am Ersten Weltkrieg hat ihn von jedweder Kriegsbegeisterung ebenso geheilt wie eine Moskaureise vom Bolschewismus. Den Zionismus betrachtet der assimilierte Jude ebenfalls skeptisch. Als der Faschismus aufflammt, sieht er in der Restauration der alten k. u. k. Monarchie ein probates, gesellschaftliches Gegenkonzept. Er wird zum flammenden Monarchisten. In seinen Romanen wie „Radetzkymarsch“ (1932) lässt er in melancholisch-nostalgischen Zügen das alte Habsburger Reich, in das er hineingeboren wurde, wieder aufleben. Dieser Roman über die Offiziersfamilie Trotta und den Aufstieg und Niedergang des Kaiserreichs wird zu seinem größten Erfolg und später mehrfach verfilmt. Aber auch die Trunksucht ist immer wieder Thema. Zuletzt sitzt Roth im „Tournon“ und schreibt, in Rauchschwaden eingehüllt und von unzähligen Pernod-Gläsern umringt, seinen eigenen literarischen Nachruf: „Die Legende vom heiligen Trinker“ (1939). Der Clochard Andreas, Protagonist des Romans, will geliehenes Geld zurückbezahlen, jedoch kommt er nicht dazu, weil er eben trinkt – und frühzeitig verstirbt. Anders als der glückliche Trinkertod im Roman endet jedoch Roths eigenes Leben. Nach vier qualvollen Tagen im Armenhospiz erliegt er am Samstag, den 27. Mai 1939, den Folgen einer beidseitigen Lungenentzündung. Eine Krankenschwester findet nach seinem Tod etliche eingeschmuggelte Schnapsflaschen unter seinem Krankenbett.

Turbulent zu geht es auf Roths Beerdigung am Dienstag, den 30. Mai 1939, auf dem Cimetière parisien de Thiais im

Süden von Paris. Ausführlich beschreibt Biograph Sternburg diese *„jüdisch-katholisch-sozialistisch-monarchistischen Gespensterszenen“*[132]. Während der Kommunist Egon Erwin Kisch rote Nelken ins Grab wirft, ehren zeitgleich Monarchisten den Verstorbenen mit einem Kranz. Und als der katholische Priester, obwohl kein Taufschein vorliegt, mit der Einsegnung beginnt, empören sich die jüdischen Trauergäste. Auch der tote Roth sitzt einmal mehr zwischen allen Stühlen. Sein Grab auf der katholischen Sektion des Friedhofs ziert die simple Inschrift: *„écrivain autrichien – mort à Paris en exil“ (dt. österreichischer Schriftsteller – gestorben in Paris im Exil).*

Ein Jahr später wird Roths schizophrene Ehefrau Friedl von den Nazis in die NS-Tötungsanstalt Hartheim überführt und am 15. Juli 1940 in einer Gaskammer ermordet.

Mi 01. Juni 1938 – Ödön von Horváth

Im Zentrum seiner sozialkritischen Milieustücke wie „Geschichten aus dem Wienerwald“ (1931) oder Romane wie „Jugend ohne Gott“ (1937) stehen die kleinen Leute, die Dienstmädchen, Tagelöhner und Spießer. Ihre nackten Existenzängste in Zeiten der Wirtschaftskrise und ihre Beziehungsunfähigkeiten spiegelt er in radikal volksnaher Sprache. Horváth gehört heute, neben Brecht, zu den meist gespielten Bühnenautoren der Weimarer Republik.

---

* 09.12.1901 in Sušac, Ungarn

+ 01.06.1938 in Paris, Frankreich

Begraben auf dem Heiligenstädter Friedhof in Wien, Österreich

---

Geschichten vom Friedhof

Der erste Junitag in Paris ist ein ungemütlicher. Ein von Island herannahendes Orkantief kündigt sich an mit Sturmböen, Regenschauern und Gewittern. Erst vor wenigen Tagen ist der 36-jährige Ödön von Horváth in der französischen Hauptstadt angekommen. Obwohl von den Nazis kaltgestellt und auf die „Liste des schädlichen und unerwünschten Schrifttums“ gesetzt, ist der extrem abergläubige Autor guter Dinge. Hatte ihm nicht eine Wahrsagerin prophezeit, ihn erwarte im Juni auf einer Reise *„das größte Erlebnis seines Lebens“*?[133] Und alles sieht ganz danach aus. Denn hier in Paris interessiert sich der amerikanische Filmemacher Robert Siodmak für seinen ein Jahr zuvor erschienenen Roman „Jugend ohne Gott“. Der international erfolgreiche Produzent will den Roman verfilmen, und beide vereinbaren ein Treffen. Am Mittwoch, den 1. Juni, ist es soweit. Zunächst besuchen sie gemeinsam ein Kino, schauen einen Walt-Disney-Film. Anschließend verbringen sie einen ausgelassenen Abend auf der Terrasse des nahe gelegenen Café Marigny auf den Champs-Élysées. Da die ersten dicken Tropfen herab prasseln, bietet Frau Siodmak an, Horváth zurück ins Hotel zu fahren. Doch der Dichter lehnt dankend ab, Autofahren ist ihm nicht geheuer. Trotz des sich ankündigenden Gewitters geht er lieber zu Fuß. Kaum auf der anderen Straßenseite angekommen, beginnt es derart heftig zu schütten, dass er mit einigen Passanten zusammen Schutz unter einer Kastanie sucht. Dann ereignet sich das Unglück: Der Baum wird von einem Blitz getroffen und begräbt den Dichter unter sich. Le Figaro vermeldet am folgenden Tag:

„An der Ecke Avenue des Champs-Élysées und Avenue Marigny wurde gestern gegen 19 Uhr ein großer Baum entzweit. Der obere Teil stürzte mit gewaltigem Krach zu Boden, und begrub einen Passanten unter sich. Die alarmierten Feuerwehrmänner bargen das Opfer und brachten es in einem hoffnungslosen Zustand ins Krankenhaus. Das Opfer war ein Ungar, 37 Jahre alt, der bald darauf verstarb.“[134]

Was der Figaro nicht weiß – in Horváths Manteltaschen finden sich ein auf einer Zigarettenschachtel verfasstes Gedicht sowie einige Pornoheftchen. Ob der klamme Dichter tatsächlich mit den Pornoheftchen handelte, um seine Kasse aufzufüllen, wie einige vermuten, oder ob er sie lediglich zum Eigenbedarf erworben hatte, bleibt offen. Die prophetisch anmutenden Gedichtzeilen sind jedoch überliefert:

„Und die Leute werden sagen/In fernen blauen Tagen/Wird es einmal recht/Was falsch ist und was echt./Was falsch ist, wird verkommen/Obwohl es heut regiert./Was echt ist, das soll kommen –/Obwohl es heut krepiert.“[135]

Zu Horváths Beerdigung am 7. Juni 1938 vor den Toren von Paris in St. Ouen kommen nur wenige Trauergäste. Der Emigrant Carl Zuckmayer ist darunter sowie der Dichterfreund Joseph Roth, der so besoffen ist, dass er nach seiner Trauerrede torkelnd ins ausgehobene Grab fällt.

Anschließend ist es lange Zeit still um den Autor. Erst Ende der 1960er Jahren kommt es zu einer Horváth-Renaissance. Sein Bruder Lajos hatte der Berliner Akademie den Nachlass überlassen. Doch jetzt, wo die Tantiemen wieder sprudeln, klagt die ruhmsüchtige wie geldgierige Witwe Elisabeth von Horváth, Gattin des Bruders Lajos, auf die Herausgabe des Nachlasses, um diesen gewinnträchtig zu verhökern. Die gnädige Frau ist es auch, die den österreichischen Verleger Ulrich N. Schulenburg dazu antreibt, für Horváth ein Ehrengrab zu erwirken. Ödön von Horváth hatte nie einen solchen Wunsch geäußert, und entsprechend entsetzt reagieren viele Verehrer über diese „Heim ins Reich"-Aktion. Dennoch beschließt der Wiener Gemeinderat im Jahr 1988, den toten Literaten mit einem Ehrengrab auf dem Heiligstädter Friedhof zu würdigen. Horváth-Verleger Schulenburg beauftragt nun kurzerhand den in Paris lebenden Übersetzer Heinz Schwarzinger mit der Beschaffung und Überführung der sterblichen Überreste. In einer Nacht- und Nebelaktion lässt jener Horváth exhumieren und bringt tags darauf in einer Maschine der Austrian Air die wenigen aufgefundenen Gebeine im Handgepäck nach Wien. Am Wiener Flughafen erwartet ihn jedoch nicht nur Verleger Schulenburg, sondern auch ein äußerst neugieriger Zollbeamter. Erst als Schulenberg dem Zöllner geistesgegenwärtig versichert, dass es sich bei dem Kindersarg lediglich um eine dringend benötigte Filmrequisite handle, kann der Übersetzer mit den Horváth-Gebeinen den Zoll passieren.

Am 7. Juni 1988, genau 50 Jahre nach seiner ersten Bestattung, wird Horváth – oder das, was von ihm übrig geblieben ist – abermals beerdigt, unter großem Pomp und unter der

Anwesenheit des österreichischen Bundeskanzlers und zahlreicher Prominenz. Das Schluchzen der Horváth-Witwe, die ihren berühmten Schwager niemals kennengelernt hatte, war angeblich noch weit über Wien hinaus zu hören.

Der Schriftsteller Peter Turrini hat dieser peinlichen Heimholungs-Posse in seiner Prosa-Miniatur unter dem Titel „Horváths Gebeine“ ein bissig-satirisches Denkmal gesetzt. Ob der Totengräber auf dem Friedhof von St. Ouen tatsächlich der *„veritable Alkoholiker“*[136] war, der die gesuchten Gebeine im Gegenzug für den Erhalt von drei Kisten Grünen Veltliners herbeischaffte, weiß nur Turrini. Jedoch erinnert in St. Ouen fortan eine kleine Gedenktafel an den berühmten Toten, der hier ein halbes Jahrhundert lang ruhte.

So 02. Juli 1961 – Ernest Hemingway

Hemingway zählt zu den weltweit bekanntesten US-amerikanischen Autoren des 20. Jahrhunderts. Er war zudem Reporter, Kriegsberichterstatter und Abenteurer. Mit seinen Romanen wie „Der alte Mann und das Meer“ (1952) begründete er den sog. „Modernen Klassizismus“, einen Stil, der sich durch Einfachheit und Realitätsnähe auszeichnet. 1954 erhielt er den Nobelpreis für Literatur.

---

* 21.07.1899 in Oak Park, USA
+ 02.07.1961 in Ketchum, USA
Begraben auf dem Cemetery von Ketchum, USA

Der alte Mann und das Testosteron

Sonntagmorgens um sieben ist die Welt noch in Ordnung. Zumindest im amerikanischen Provinznest Ketchum, irgendwo im Kartoffelstaat Idaho. Sollte man meinen. Doch just zu dieser Zeit tippelt der fast 62-jährige Hemingway barfüßig und nur mit einem Morgenmantel bekleidet die Treppen hinab in den Keller. Seine Frau Mary, Gattin Nummer vier, schläft noch tief und fest im Ehebett. Unten im Keller des Hauses befindet sich der Waffenschrank. Ohne lange zu überlegen, greift Hemingway nach seinem Lieblingsgewehr, der „braunen Geliebten“. Er lädt die doppelläufige Flinte mit zwei Patronen und geht sodann wieder nach oben.

Der Schriftsteller Ernest Hemingway ist sicherlich einer der kernigsten seiner Zunft. Kein Krieg, keine Jagd ohne ihn. Ob im Spanischen Bürgerkrieg auf Seiten der Republikaner oder im Zweiten Weltkrieg an der Seite der Amerikaner; ob bei der Großwildjagd in Afrika oder beim Hochseefischen in der Karibik – Hemingway sucht Action, Gefahr und Männerromantik. Und abends gilt es einmal mehr, seinen Daiquiri-Rekord zu brechen – 64 dieser Longdrinks hat er sich angeblich einmal in seiner Stammbar auf Kuba hinter die Binde gegossen. Und genau um das alles geht es in seinen Geschichten. Seine Romane „Der alte Mann und das Meer“ (1952), „Wem die Stunde schlägt“ (1940) oder Short-Stories wie „Schnee auf dem Kilimandscharo“ (1936) sind weltweit Bestseller und werden von Hollywood verfilmt. Im Jahr 1954 wird er sogar mit dem Literatur-Nobelpreis geadelt. Doch am Ende hat der testosterongeflutete Draufgänger „Old Hem“ einen Gegner, der ihn bezwingt: sich selbst.

1961 ist Hemingway körperlich und psychisch ein Wrack. Der über 110 Kilo schwere Schriftsteller leidet unter Depressionen und Paranoia, fühlt sich vom FBI verfolgt. Der Alkohol hat ihn ruiniert, hinzu kommen Ängste vor einer Verarmung, und das, obwohl die Tantiemen sprudeln und er ein millionenschweres Aktienpaket besitzt. Im Januar begibt er sich in die Mayo-Klinik von Minnesota. Auf dem Weg dahin will er sich bei einem Zwischenstopp zunächst auf dem Flughafen in einen rotierenden Propeller werfen. Kurz darauf, in 5.000 m Flughöhe, rüttelt er an der Türe und will sich aus der Maschine stürzen. Sein Freund und Schriftstellerkollege Dos Passos schreibt ihm daraufhin: *„Hem, ich hoffe, dass dies nicht zu einer Angewohnheit wird. Kopf hoch, Dos.“*[137]

In der renommierten Klinik wird Hemingway mit Medikamenten und Elektroschocks behandelt, jedoch ohne Erfolg. Auch die Arbeit an einer Hommage für J.F. Kennedy kommt nicht voran. Verzweifelt gesteht er seinem Freund und Arzt Dr. Saviers: *„Es kommt nichts mehr, George, ich kann nicht mehr schreiben!“*[138] Als er am 30. Juni nach Ketchum zurückkehrt, ist er ein gebrochener Mann. Sein Sohn Jack aus erster

Ehe stellt konsterniert fest: *„Er wollte einfach nicht wahrhaben, dass er alt war, und dabei hätte er einen so prächtigen alten Mann abgegeben."*[139]

Am frühen Sonntagmorgen des 2. Juli 1961, zwei Tage nach seiner Entlassung aus der Klinik, steht Hemingway also mit seiner „braunen Geliebten" in der Diele seines Hauses. Hinter den kahlen Bergen vom Sun Valley ist die Sonne gerade erst aufgegangen. In der lichtdurchfluteten Eingangshalle nimmt er die beiden Läufe des Jagdgewehrs in den Mund. Mit den blanken Fußzehen drückt er ab und schießt sich sein Gehirn aus dem Schädel. Vom Knall aus dem Schlaf aufgeschreckt, findet um 7:30 Uhr seine Ehefrau Mary den Leichnam. Ungefrühstückt kein schöner Anblick. Die Familie spricht zunächst von einem tragischen Unfall, ein Schuss habe sich beim Reinigen der Waffe gelöst. Erst ein Jahr später räumt Ehefrau Mary ein, dass es Selbstmord war. Überrascht hat dies niemanden.

Gibt es so etwas wie ein Selbstmord-Gen? Wenn ja, werden Wissenschaftler bei den Hemingways fündig. Schon Hemingways Vater erschoss sich 1929 im Alter von 61 Jahren mit „Long John", einem Revolver aus Zeiten der Sezessionskriege. Mit eben jener Waffe erschießt sich 1982 auch Hems Bruder Leicester. Im Jahr 1966 setzte Schwester Ursula ihrem Leben mittels Schlafmittel ein Ende, und auch Hems Enkelin Margaux führt diese traurige Tradition fort: 1996, am Vorabend des Todestages ihres berühmten Großvaters, schluckt sie eine Überdosis an Beruhigungspillen. In einer seiner frühen Short-Storys mit dem Titel „Indian Camp" (1924) fragt ein Junge namens Nick seinen Vater: *„Ist sterben schwer, Daddy?"* Der Vater antwortet: *„Nein, ich glaube, es ist ziemlich leicht, Nick."*[140] Für die Hemingways scheint dies zu stimmen.

Alleinerbin ist Hemingways vierte Ehefrau Mary, seine Kinder, *„geborene wie ungeborene"*[141], wie es im Testament heißt, gehen leer aus. Doch zumindest die „geborenen" Kinder finden das Testament nicht witzig und fechten es an. „Old Hem“ ficht dies nicht mehr an. Begraben liegt der Weltenbummler in der amerikanischen Provinz auf dem Friedhof von Ketchum.

Mo 8. Juli 1822 – Percy Bysshe Shelley

Der Dichter Percy Bysshe Shelley ist neben Keats und Byron der bedeutendste Vertreter der englischen Romantik. Bekannt ist Shelley nicht nur für seine Poesie, sondern auch wegen seiner religions- und gesellschaftskritischen Schriften. Seine „Ode an den Westwind“ (1820), in der er seine Sehnsucht nach revolutionärem Umbruch in der Metapher des Windes verpackt, gilt bis heute als romantisches Meisterwerk. Verheiratet war Shelley in zweiter Ehe mit Mary Wollstonecraft, der Autorin des weltweit bekannten Schauerromans „Frankenstein“ (1818).

---

* 04.08.1792 in Field Place, England
+ 08.07.1822 im Meer vor Viareggio, Italien
Begraben auf dem Cimitero acattolico in Rom, Italien

Segeltörn in den Tod

Bellissimo! Die in der Bucht von Spezia vor Anker liegende „Don Juan“ ist der ganze Stolz seines Besitzers. Immerhin 80 Pfund hatte Shelley für diese generalüberholte, einem Zweimaster-Schoner nachempfundene Segelyacht hinblättern müssen – ein Zehntel seines Jahreseinkommens. Shelley ist ein passionierter Segler, schon als Kind hatte er aus Banknoten mit erheblichen Nennwert Papierschiffchen gefaltet und die Themse hinabtreiben lassen. Später segelte er auf dem Rhein oder dem Genfer See. Jetzt will er aufs offene Meer hinaus. Jedoch hat der dichtende Leichtmatrose einen Makel – er kann nicht schwimmen.

Am 1. Juli 1822 sticht der 29-jährige Shelley bei bestem Wetter mit Freunden in See. Gemeinsam segeln sie nach Livorno, wo sein Freund Lord Byron weilt. Seine Frau Mary, die unter Depressionen leidet, bleibt an Land. Sehnsüchtig erwartet sie die Rückkehr. Doch Percy Bysshe Shelley, sein Freund Edward Williams sowie der 18-jährige Schiffsjunge Charles Vivian werden den Hafen von Lerici nicht wieder erreichen. Am 8. Juli 1822, dem Tag ihrer Rückreise, schlägt das Wetter um. Ein heftiger Sturm braut sich zusammen. Die kleine Crew ist der Situation nicht gewachsen, kann die Segel nicht rechtzeitig streichen. Sturmböen und haushohe Wellen peitschen über das Schiff, die beiden Masten knicken um wie Streichhölzer, das Ruder reißt ab und auch das Beiboot geht verloren. Innerhalb weniger Minuten kentert die „Don Juan" und versinkt mitsamt Besatzung in den Fluten des Mittelmeeres. Zehn Tage später finden Fischer die angespülten Leichname am Strand von Viareggio. Extremitäten und Gesichter sind von Fischen weggefressen, sodass die Toten nur anhand ihrer Kleidung identifiziert werden können. Das Boot ist so rasch gekentert, dass Williams noch nicht einmal seine Schuhe hatte ausziehen können. In Shelleys Jackentasche findet man einen Gedichtband von Keats. Aus Angst vor Seuchen werden die Leichname noch an Ort und Stelle notdürftig mit Kalk gelöscht und im Sand verscharrt.

In einem Nachruf der in London erscheinenden konservativen Tageszeitung The Courier heißt es: *„Shelley, der Autor einiger ketzerischer Gedichte, ist ertrunken. Jetzt weiß er, ob es einen Gott gibt oder nicht."*[142]

Shelley hat nicht nur romantische Natur- und Liebesgedichte, Romane und Dramen verfasst, sondern auch philosophische Streitschriften. Besonders sein Essay „The necessité of atheism" (dt. Über die Notwendigkeit eines Atheismus) und seine politische Protestlyrik „The Mask of Anarchy" (dt. Die Maske der Anarchie) bringen die Konservativen in Rage.

Wegen seiner gesellschaftskritischen Ansichten wird der Spross einer englischen Adelsfamilie 1811 von der renommierten Oxford-Universität verwiesen. Und als der junge Shelley mit der Tochter eines Gastwirts durchbrennt und diese ehelicht, ist der Bruch mit seiner Familie endgültig. Dennoch sichert ihm eine lebenslange Rente ein angenehmes Auskommen. Nach dem Tod seiner ersten Frau heiratet Shelley 1816 die 19-jährige Mary Wollstonecraft, die zwei Jahre später mit ihrem Roman „Frankenstein" (1818) ihren Gatten literarisch überflügeln wird. Nach einem Aufenthalt in der Schweiz beziehen Paar und Kind im April 1822 ihr neues Domizil, die Villa Magni am Golf von Spezia.

Zurück zum Strand von Viareggio. Am 15. August 1822 bergen Shelleys Freunde Trelawny und Byron die Toten der „Don Juan", um diese nach antikem Ritus einzuäschern. Reisigbüschel werden zusammengetragen und die Leichname anschließend verbrannt. Der französische Maler Louis Édouard Fournier wird diese Zeremonie in einem Gemälde (1889) posthum aufleben lassen. Edward Trelawny äußert zudem die Vermutung, Piraten hätten die „Don Juan" gerammt. Doch haben eher Konstruktionsmängel am Schiff zum Unglück beigetragen. Mysteriöses bezeugt der fantasiebegabte Trelawny auch angesichts der Feuersbrunst am Strand: Angeblich sei Shelleys Herz bei der Feuerbestattung nicht mit verbrannt, und er habe das Organ – oder zumindest das, was er dafür hielt – aus der Asche geborgen. Auf Wunsch überreicht er später den schwarzen Klumpen Shelleys Gattin Mary.

Percy Bysshe Shelleys Asche wird auf dem protestantischen Friedhof von Rom beigesetzt, auf dem bereits ein Jahr zuvor sein Dichterfreund John Keats begraben wurde. „Cor. Coridum" (Herz der Herzen), lautet kurioserweise die Grabinschrift, wo doch eben jenes Herz fehlt. Seine Witwe Mary Shelley wird es bis zu ihrem Tod 1851 aufbewahren.

Fr 17. Juli 1987 – Jörg Fauser

„Jörg Fauser gehört zu den frühverstorbenen Genies der jüngeren deutschen Literatur. Sein Stil ist geprägt von amerikanischen Coolness-Autoren wie Chandler oder Bukowski. Gleichzeitig gehörte Hans Fallada zu seinen Vorbildern. [...] Ein Autor, der beherzt ins schmutzige Leben gegriffen und in mancher Hinsicht wie ein Rockmusiker gelebt hat.“ – **Wolfgang Schneider**[143]

---

* 16.07.1944 in Bad Schwalbach
+ 17.07.1987 in München
Begraben auf dem Ostfriedhof in München

Romanstoff

Am Donnerstag, den 16. Juli, begeht Jörg Fauser seinen 43. Geburtstag – völlig unspektakulär. Abends zieht er durch diverse Münchner Kneipen, trifft ein paar Kollegen und Freunde. Schon kurz nach Mitternacht verabschiedet er sich aus dem „Schumann's“: *„Ich brauch jetzt mal frische Luft, ich glaub, ich lauf nach Hause.“*[144] Dreizehn Kilometer entfernt und vier Stunden später wird Jörg Fauser auf der Autobahn A 96 zwischen München-Riem und Feldkirchen von einem LKW erfasst und ist tot.

Szeneschriftsteller, Junkie, Rebell, Underground- und Krimiautor – Fauser ist ein Hans Dampf in allen Gassen. Er reist um die Welt, hängt über Jahre an der Nadel, sitzt in der Türkei im Knast. Er schreibt für diverse Magazine, interviewt Charles Bukowski für den Playboy, schreibt Songtexte und Hörspiele. Fauser passt in keine Schublade. Für ihn ist *„der Poet ein Lumpensammler/er kommt mit den Abfällen aus/wie die Ratte und der Schakal“*.[145] Ein Hawaii-Hemd tragend, nimmt er im Jahr 1984 am Klagenfurter Ingeborg-Bachmann-Wettbewerb teil. Soeben ist sein autobiographischer Roman „Rohstoff“ erschienen. Doch Fauser wird vom damaligen Juror und Literaturpapst Marcel Reich-Ranicki abgekanzelt: *„Dieser Autor hat hier nichts verloren!“*[146] Auch die teilnehmenden Literaten der „Generation Golf“ wissen mit den drastischen wie lebensnahen Texten des Outlaws nichts anzufangen und meiden ihn.

Richtig gut Geld verdient er erstmals, als 1985 eine Verfilmung seines Romans „Schneemann“ in die Kinos kommt, mit dem jungen Marius Müller-Westernhagen in der Hauptrolle. Doch abgesehen von den zwei Kilogramm Kokain und einigen Schauplätzen bleibt vom ursprünglichen Romanstoff nicht viel übrig. Der Film fällt bei der Kritik durch.

Gegen Ende geht es etwas gesettelter zu in seinem Leben. Fauser ist festangestellter Redakteur bei der Zeitschrift TransAtlantik, lebt mit seiner zweiten Frau Gaby und zwei Töchtern im bürgerlichen Milieu Münchens und spielt in der Freizeit Tennis.

Doch was genau geschieht in jener fatalen, lauen Julinacht zwischen Mitternacht und vier Uhr in der Früh? Erst Jahre später dringen neue, pikante Details ans Licht der Öffentlichkeit. Offensichtlich will Fauser seinen Geburtstag doch nicht sang- und klanglos vorüberziehen lassen. Anders als zuvor angekündigt, macht er sich nicht auf den Heimweg, sondern es zieht ihn schnurstracks ins Bordell. Will er es einfach noch ein bisschen krachen lassen – oder trifft er hier auf seine späteren Mörder? Die Faktenlage ist undurchsichtig, die Aussagen sind widersprüchlich. Laut Polizeireporter hat ein Taxifahrer den völlig besoffenen Fauser in der Nähe des Puffs „Leierkasten“ aus seinen Wagen geschmissen, nachdem dieser ihm in den Benz gekotzt hatte. Wenig später kommt es im Bordell zu Handgreiflichkeiten. Rausschmeißer setzen den zugedröhnten und randalierenden Fauser kurzerhand vor die Tür. Steigt dieser nun über die Leitplanken der nahe gelegenen Autobahn und wirft sich spontan vor einen LKW? Fausers Saufkumpan und BILD-Kolumnist Franz Josef Wagner bezweifelt die Selbstmordhypothese. Er glaubt an ein tragisches Unglück im Suff. Fauser arbeitet zu jener Zeit an einem neuen Romanprojekt. Kein Autor, der gerade Tag für Tag einen neuen Stoff in seine Schreibmaschine hämmert, begeht Selbstmord. Aber genau hier kommt Variante drei ins Spiel. In seinem Fragment gebliebenen Roman „Tournee" geht es einmal mehr um die Schattenseiten des Lebens, um die Verquickung von Wirtschaft und Politik, geht es um das Drogen- und Rotlichtmilieu, dubiose Immobiliengeschäfte und mafiöse Strukturen. Hat sich Fauser in jener Nacht im „Leierkasten" mit Mittelsmännern getroffen? Hat er bei der Recherche seine Nase zu tief in Dinge gesteckt, die ihn nichts angehen? Dies zumindest behauptet Michael Köhlmeier in seiner Eröffnungsrede zum Ingeborg-Bachmann-Preis im Jahr 2013: *„[Fauser] habe noch in der Nacht drei Typen getroffen, die ihn zu einem Gewährsmann bringen wollten und sei auf der Autobahn aus dem Wagen gestoßen worden"*[147]. Doch benennt er nur vage seine Quellen. Vieles bleibt rätselhaft. Der Kraftfahrer, der Fauser überfuhr, stirbt vier Wochen später, die Akten zu dem Fall sind verschwunden. Ist Jörg Fauser am Ende ums Leben gekommen wie ein Romanheld, der seiner eigenen Fantasie entsprungen sein könnte? Gut möglich, denn schon in „Rohstoff" konstatiert er, *„dass nichts phantastischer ist als die Wirklichkeit und nichts fiktiver als das Leben"*.

Zu Fausers Beerdigung auf dem Münchner Ostfriedhof kommen an die hundert Trauergäste, darunter auch Franz Josef Wagner. Ob man auf dem Friedhof rauchen dürfe, fragt jener. Man darf auch trinken, antwortet Fausers Freund und Kollege Reinhard Hesse und reicht dem BILD-Kolumnisten den Flachmann.

Mo 31. Juli 1944 – Antoine de Saint-Exupéry

„Saint-Exupéry ? Ein großartiger Schriftsteller, aber ein miserabler Pilot.“[148], **so lautete das einhellige Urteil in den Pariser Salons über den Schriftsteller und Flieger. Seine märchenhafte Erzählung „Der kleine Prinz“ (1943), die er eigenhändig illustrierte, wurde in über 180 Sprachen übersetzt und gehört mit über 140 Millionen verkauften Exemplaren zu den erfolgreichsten Büchern der Welt.**

* 29.06.1900 in Lyon, Frankreich
\+ 31.07.1944 in der Nähe der Insel Île de Riou, Frankreich
Ohne Grab

Der kleine Prinz und der Bruchpilot

Montag, der 31. Juli 1944, ist ein Sommertag wie aus dem Bilderbuch. Der Himmel ist strahlend blau, es weht eine leichte Brise, und das Meer vor der korsischen Küste schimmert türkisfarben. Alles in allem herrschen beste Flugbedingungen. Auf der US-Airbase Borgo nahe Bastia steht die prachtvolle zweimotorige Lightning P38, ein amerikanisches Aufklärungsflugzeug modernster Bauart mit hochauflösender Kamera an Bord, zum Abflug bereit. Noch ist der Zweite Weltkrieg in vollem Gange und das französische Kernland von der deutschen Wehrmacht besetzt. Doch wo zum Teufel steckt der Pilot? Da das Bett von Kommandant Antoine de Saint-Exupéry auf dem Stützpunkt verwaist ist, macht sich ein Ersatzpilot bereit.

Dann taucht er doch noch auf! Kurz vor 8:00 Uhr fährt ein Jeep vor, Saint-Ex, wie ihn die Franzosen kurz nennen, springt heraus und meldet sich zum Dienst. Er wirkt müde und übernächtigt. Gerade hat er in der Offiziersmesse noch rasch ein Frühstück zu sich genommen: Omelette, Kaffee und Zigarette. Die Nacht zuvor hatte er in Bastia durchgefeiert. Der 44-Jährige liebt Wein, Weiber und Zigaretten und sieht angeblich zehn Jahre älter aus, als er tatsächlich ist. Saint-Ex hat viele Abstürze überlebt – sei es als Pilot, sei es als Nachtschwärmer. Als er nach einer Bruchlandung im Jahr 1943 ein nagelneues Flugzeug komplett geschrottet hatte, wurde der „Fucking French!" von den Amis kurzerhand für fluguntauglich erklärt und ausgemustert. Erst als General Elliot Roosevelt, Sohn des US-Präsidenten, interveniert, genehmigt General Eaker, amerikanischer Oberbefehlshaber für die Mittelmeerregion, dem passionierten Bruchpiloten fünf weitere Flüge. Dieser heute ist bereits sein achter Einsatz. Saint-Ex besteigt die Maschine, vor sich auf den Knien liegt die Flugkarte. Sein Aufklärungsziel: Luftaufnahmen von der Region rund um Lyon. Um 8:45 Uhr hebt das Flugzeug von der Airbase ab. Es ist der letzte Flug von Antoine de Saint-Exupéry.

Saint-Ex ist zeit seines Lebens vor allem eines: ein leidenschaftlicher Pilot. Und so ist die Fliegerei auch das bestimmende Thema in seinem literarischen Œuvre, sei es in seinem Erstlingswerk „Der Flieger" (1926), sei es in seinem Roman „Nachtflug" (1931). Beim Schreiben kann der Abenteurer aus dem Vollen schöpfen: Als Saint-Ex 1935 den Streckenrekord auf der Route Paris-Saigon einstellen will, stürzt er über der ägyptischen Wüste ab. Nach fünftägigem Fußmarsch trifft er zufällig auf eine Karawane und ist gerettet. Weniger glimpflich verläuft 1938 sein Flugrekordversuch von New York nach Feuerland. Nach einem Zwischenstopp in Guatemala stürzt seine Maschine kurz nach dem Start ab. Saint-Ex überlebt schwer verletzt – etliche Brüche trägt er davon, auch sein

Schädelknochen ist betroffen, und er leidet fortan unter heftigen Kopfschmerzen.

Am 31. Juli 1944 hat ihn sein Flugglück endgültig verlassen. Gegen Mittag erwartet man auf dem Militärstützpunkt auf Korsika die Rückkehr des Aufklärungsfluges. Doch der Kontakt zur Maschine ist abgerissen. Man wartet vergeblich. Das Flugzeug gilt seitdem als verschollen. Über die Ursache wird wild spekuliert: War technisches Versagen oder ein Pilotenfehler der Grund? Oder gab es einen feindlichen Abschuss, wie ihn Wehrmachtsberichte vermelden? Auch galt Saint-Ex zuletzt als stark depressiv – war es etwa Selbstmord?

Im Jahr 1998 findet ein Fischer vor Marseille in seinem Netz einen silbernen Armreif, der aufgrund der Gravuren eindeutig Saint-Ex gehörte. Zwei Jahre später erspähen Taucher in der Nähe der Île de Riou die Wrackteile der Lightning und bergen sie. Im Jahr 2008 wartet die Zeitschrift La Provence mit einem überraschenden Geständnis auf: Der ehemalige Luftwaffenpilot Horst Rippert, Bruder des Schlager-Stars Ivan Rebroff, hat just in der Region, in der Saint-Ex unterwegs war, an jenem 31. Juli 1944 eine Lightning 38 abgeschossen. Er sah mit eigenen Augen, wie die brennende Maschine ins Meer stürzte. Rippert ist ein großer Verehrer der Werke von Saint-Exupéry: *„Hätte ich gewusst, wer in dieser Maschine sitzt, hätte ich nicht gefeuert.“*[149] Doch es bleiben Fragen offen: Normalerweise fliegen die unbewaffneten Aufklärungsflieger in einer Höhe von 10.000 m und sind somit für feindliche Jäger unerreichbar. Bei Abschuss flog die Lightning allerdings nur 6.500 m hoch – gab es Probleme mit der Sauerstoffversorgung oder war es einfach nur ein waghalsiges Flugmanöver? Auch weisen die aufgefunden Wrackteile keinerlei Einschusslöcher auf. Das Verschwinden des Fluges bleibt bis heute ein Mysterium.

Weltberühmt wird Antoine de Saint-Exupéry mit seinem bebilderten Büchlein „Der kleine Prinz“, das zuerst 1943 in

New York erschien. Diese märchenhafte Geschichte gilt nach der Bibel und der Maofibel als das meistverkaufte Buch der Welt.

Während die Wrackteile der Lightning 38 im Luftfahrt-Museum von Bourget bei Paris zu sehen sind, erinnert auf dem Flughafen von Bastia ein Denkmal an den poetischen Überflieger. Und sogar ein Asteroid wurde 1975 nach ihm benannt.

Di 16. August 1949 – Margaret Mitchell

Mit gerade einmal 20 Jahren schrieb Margaret Mitchell den Roman ihres Lebens. „Vom Winde verweht“ (1936) lieferte die Vorlage für einen der erfolgreichsten Filme aller Zeiten. Für ihren 1.000 Seiten dicken Erfolgsroman erhielt sie zudem 1937 den Pulitzer-Preis. Das Südstaatenepos blieb jedoch ihr einziges Werk.

---

* 08.11.1900 in Atlanta, USA
+ 16.08.1949 in Atlanta, USA
Begraben auf dem Oakland Cemetery von Atlanta, USA

Vom Auto verweht

Am Donnerstagabend, den 11. August 1949, wollen Margaret Mitchell und ihr Mann John Marsh ins Kino. Gezeigt wird „A Canterbury Tale“, ein britischer Krimi zu Zeiten des deutschen Luftkriegs 1944. Da das Kino um die Ecke liegt, gehen sie zu Fuß dorthin. Als sie die Peachtree Street auf der Höhe der 13. Street überqueren, kommt um die Biegung ein Wagen mit 80 Sachen angerast. Erlaubt sind 40 km/h. John Marsh will noch schnell die Straße überqueren, Margaret will zurück. Eine vertrackte Situation für den angetrunkenen Fahrer, der nicht weiß, wohin er steuern soll. Am Ende überfährt er die Fußgängerin, die sich wohl einen Tick zu spät dazu entschieden hat, ihrem Mann nicht in die gleiche Richtung zu folgen. Die Bremsspur beläuft sich auf 20 Meter. Der Fahrer begeht Fahrerflucht. Margaret Mitchell liegt schwer verletzt am Straßenrand.

Im Grady Hospital von Atlanta diagnostizieren die Ärzte mehrere Schädel- und Beckenbrüche. Mitchell kommt nicht wieder zu Bewusstsein, ihr Überlebenskampf wird zur Staatsaffäre. Per telefonischer Standleitung werden Bürgermeister, Gouverneur und auch US-Präsident Truman auf dem Laufenden gehalten. Dabei hat die 49-jährige Margaret Mitchell bis zu jenem Unglück gerade mal ein einziges Buch veröffentlicht: „Vom Winde verweht" (1936). Dieses Südstaatenmelodrama zu Zeiten der Sezessionskriege erreicht kurz nach Erscheinen eine Millionenauflage und wird zu einem Welterfolg. Ein Welterfolg wird auch die Verfilmung mit Vivien Leigh und Clark Gable aus dem Jahr 1939. Das vierstündige Filmepos wird mit acht Oscars ausgezeichnet und gilt auch heute noch als einer der erfolgreichsten Filme aller Zeiten.

Mitchells Privatleben gestaltet sich anfangs ähnlich vertrackt wie die Dreiecksbeziehung ihrer Romanfigur Scarlett O'Hara. Im Jahr 1922 heiratet die junge Südstaaten-Lady einen gewissen Berrien „Red" Upshaw. Doch schon zwei Jahre später steht die Ehe vor dem Aus, da Mitchell sich in den Freund ihres Gatten verliebt. Nach der Scheidung heiratet sie eben jenen John Marsh. Im Jahr 1926 wird sie erstmals von einem Auto umgefahren und schwer verletzt. Drei Mal wird sie operiert und ist anschließend für längere Zeit ans Bett gefesselt. In dieser Zeit beginnt sie mit der Arbeit an „Gone with the wind", an dem sie zehn Jahre lang schreiben wird und der ihr einziger Roman bleiben soll. Angeblich hat sie keine weiteren Bücher geschrieben, weil sie vom Ruhm, von der Öffentlichkeit und dem Presserummel genervt gewesen sei. Aber vielleicht hatte sie mit dem 1.000-Seiten-Opus auch einfach ihr gesamtes Pulver bereits verschossen. Oder sie würde Rhett Butler aus ihrem Epos zitieren: *„Frankly my dear, I don't give a damn."* – Ehrlich gesagt, es ist mir egal. Wie dem auch sei, Margaret Mitchell kümmert sich fortan um ihre Fanpost, an die 100 Briefe erhält sie täglich, und engagiert sich für wohltätige Organisationen. Vor allem die Belange der afroamerikanischen Bevölkerung liegen ihr am Herzen. In den Südstaaten herrscht noch immer Apartheit.

Am Dienstag, den 16. August 1949 um 11 Uhr vormittags, destabilisiert sich Mitchells Kreislauf, Puls und Blutdruck werden immer schwächer. Die drei anwesenden Ärzte können ihr nicht mehr helfen. Um 11:59 Uhr erliegt die Schriftstellerin endgültig ihren schweren Verletzungen. Kurz darauf lässt Gouverneur Herman Talmadge die Flaggen auf halbmast setzen. Mitchells Beisetzung am kommenden Tag auf dem Oakland-Friedhof von Atlanta gleicht einem Staatsbegräbnis.

Kurz nach Mitchells Beerdigung stellt sich der flüchtige Fahrer den Behörden. Es ist der 29-jährige Taxifahrer Hugh D. Gravitt. Er war mit seinem Privatwagen unterwegs und hatte, da außer Dienst, einiges getrunken. Es ist nicht sein erstes Verkehrsdelikt – insgesamt dreiundzwanzig Verstöße hatte die Polizei zuvor schon registriert. Dennoch kommt er nach Zahlung einer Kaution von 5.450 Dollar wieder auf freien Fuß. Anschließend kündigt der Gouverneur eine Verschärfung der Regeln bei der Zulassung von Taxilizenzen an. Ob ein Alkoholverbot dazu zählte, ist nicht überliefert.

Mi 19. August 1936 – Federico García Lorca

Als 1928 sein Gedichtband „Zigeuner-Romanzen" erschien, wurde Lorca mit einem Schlag zu einem der berühmtesten Dichter der spanischsprachigen Welt. Fortan feierte er Erfolge als Bühnenautor, tourte mit einer Theatergruppe durch Spanien, bereiste die USA und Lateinamerika. Unerfüllte Liebe und Tod, das sind nicht nur die zentralen Themen seiner Stücke wie „Bluthochzeit" (1933), sondern die seines Lebens. Dalí und Buñuel gehörten zu seinen Freunden. Als Homosexueller und Linker geriet er zusehends in die Schusslinie der erzkatholischen Rechten.

---

* 05.06.1898 in Fuente Vaqueros, Spanien
\+ 19.08.1936 in der Nähe von Viznar, Spanien
Ohne Grab

„Gebt ihm Kaffee, viel Kaffee!"

Sonntag, der 16. August 1936, ist ein beschaulich heißer Sommertag im andalusischen Granada. Ramón Luiz Alonso, Mitarbeiter der katholischen Tageszeitung IDEAL und Miliz-Kommandant, reibt sich die Hände. „Endlich haben wir ihn", mag er sich gedacht haben. Vor ihm auf dem Schreibtisch liegt ein anonymes Denunziationsschreiben, das soeben in der Redaktion eingegangen ist und den Aufenthaltsort des verhassten Dichters verrät. Umgehend beantragt Alonso einen Haftbefehl und stellt einen Trupp zusammen. Keine 200

Meter Luftlinie von der Redaktion entfernt befindet sich das Anwesen der Brüder Rosales. Hier hat Federico García Lorca seit einigen Tagen Unterschlupf gefunden. Aus Angst vor einer Verhaftung traut er sich längst nicht mehr aus dem Haus. Doch noch am selben Nachmittag schlagen Francos Häscher zu. Zu dieser Zeit sitzt der Dichter nichts ahnend im Pyjama gekleidet auf der Terrasse, liest Zeitung und trinkt Kaffee.

Erst vor vier Wochen ist Lorca gegen den Rat von Freunden aus Madrid in das heimatliche Granada geflohen: *„Ein Unwetter zieht sich zusammen, und ich geh' heim. Dort bin ich sicher vor dem Blitz.“*[150] Ein Trugschluss, denn auch in Granada sind Francos Putschisten längst dabei, die Macht zu übernehmen. Der Spanische Bürgerkrieg ist in vollem Gange, den Säuberungsaktionen fallen viele politische Gegner zum Opfer. Nach dem Erhalt von Drohbriefen fühlt sich Lorca auf dem väterlichen Landgut Huerta de San Vincente nicht länger sicher, und er sucht Zuflucht bei einer befreundeten Familie, den Brüdern Rosales. Da die Brüder der faschistischen Falange nahe stehen, hofft er auf Schutz. Doch die Sicherheit ist trügerisch. Keine Woche später präsentiert Miliz-Kommandant Ruiz Alonso einen vom Gouverneur unterzeichneten Haftbefehl. Lorca wird abgeführt und in eine ehemalige Ferienkolonie gebracht, die den Franquisten als Gefängnis dient. Hier wird der Dichter am folgenden Tag verhört und soll ein Geständnis abgelegt haben – was er gestanden hat, bleibt unklar.

Viele sehen in Federico García Lorca einen der *„brillantesten unter den jungen Dichter Spaniens“*[151], doch für die Konservativen ist er homosexuell, anti-katholisch, anti-spanisch und *„er hat mit seiner Feder mehr Schaden angerichtet als andere mit einer Pistole.“*[152] Im August 1936 sehen sie den Zeitpunkt zur Abrechnung gekommen. Auf die Frage des Kommandanten, wie mit Lorca zu verfahren sei, antwortet General Gonzalo Queipo de Llano: *„Gebt ihm Kaffee, viel Kaffee!“*[153]

Am frühen Morgen des 19. August 1936 fährt eine Fahrzeugkolonne die „Landstraße des Todes“ hinauf zu den Hängen der Sierra del Alfacar. Die Wagen halten an einem Olivenhain. Noch ist es dunkel, die Sonne nicht aufgegangen, die Schönheit der Landschaft nur zu erahnen. Milizionäre der berüchtigten „Escuadra Negra“, der schwarzen Schwadronen, zerren die Häftlinge aus den Autos und laden ihre Gewehre. Lorca und vier weitere Gefangene, ein links-liberaler Lehrer sowie zwei Anarchisten, die bewaffneten Widerstand geleistet haben, werden zu einer Quelle geführt. Das Erschießungskommando bezieht Stellung, und die Gefangenen werden auf Befehl füsiliert. Lorca ist nicht sofort tot, abermals wird auf ihn gefeuert. Juan Luis Trescastro, einer der Todesschwadronen, prahlt später im Dorf, er habe der Schwuchtel noch zwei Schüsse in den Arsch verpasst[154].

Die Ermordung des Dichters durch Francos Schergen sorgt nicht nur in der spanischen, sondern auch in der internationalen Presse für Schlagzeilen. Lorca wird zu einem Märtyrer gegen die neuen Machthaber stilisiert. Die Franquisten sehen sich in der Defensive, wiegeln ab, sprechen mal von einem Unfall, mal versuchen sie, den Mord den Republikanern in die Schuhe zu schieben. Im Sterberegister von Granada erfolgt 1940 dann der lapidare Eintrag, Lorca sei *„im August des Jahres 1936 infolge kriegsbedingter Verletzungen gestorben“*.[155]

In jener zerklüfteten, kargen Landschaft der Sierra del Alfacar werden während des Spanischen Bürgerkriegs unzählige Opfer erschossen und in Massengräbern verscharrt. Lorcas Gebeine sind, trotz intensiver Suche, bis heute nicht aufgefunden. In jenem Olivenhain nahe der Quelle steht ein Gedenkstein: *„In Erinnerung an Federico García Lorca und alle Opfer des Bürgerkriegs“*.[156]

Mo 05. September 1836 – Ferdinand Raimund

Mit seinen operettenhaften Hanswurstiaden und märchenhaften Zauberspielen trifft der österreichische Schauspieler und Dramatiker den Nerv der Generation „Biedermeier". Ferdinand Raimund gilt gemeinsam mit Johann Nestroy als Hauptvertreter des Alt-Wiener Volkstheaters.

---

* 01.06.1790 in Wien, Österreich
\+ 05.09.1836 in Pottenstein, Österreich
Begraben in Gutenstein, Österreich

Hund beißt Hypochonder

Ein kleiner Biss für die Menschheit, ein fataler für einen Hypochonder. Als Schauspielstar Ferdinand Raimund am 25. August 1836 von einem Gastspiel zu seinem Landsitz ins niederösterreichische Gutenstein zurückkehrt, wird er beim Herumtollen mit einem Hund an der linken Hand verletzt. Die kleinen Wunden, die der Kläffer beim Zuschnappen im Spiel dem Schauspieler und Stückeschreiber zufügt, sind rasch verheilt. Doch schon einige Tage später, nämlich am 29. August, macht ein schlimmes Gerücht die Runde: Der Hund, der ebenfalls ein Mädchen gebissen hat, wurde vom Schäfer kurzerhand für tollwütig erklärt, von diesem erschlagen und verscharrt. Jetzt ist Schluss mit Biedermeier. Den Hypochonder Raimund ergreift blanke Panik. Hatte ihm nicht vor Jahren eine Zigeunerin geweissagt, er werde einmal an einem

Hundebiss sterben? Die Zigeunerin soll recht behalten, allerdings anders als gedacht. Noch am gleichen Tag macht sich Raimund zusammen mit seiner Lebensgefährtin Toni Wagner auf den Weg nach Wien, um sich dort von Spezialisten untersuchen und behandeln zu lassen.

Raimund, der mit märchenhaften Volksstücken und Singspielen wie „Der Alpenkönig und der Menschenfeind" (1828) und „Der Verschwender" (1834) in Österreich große Erfolge feiert, leidet seit Jahren an Depressionen und unter Hypochondrie. So brach er bereits im Jahr 1826 aus Angst vor Tollwut ein Gastspiel in München ab. Auch sein Einstand als Schauspieler am Theater im Jahr 1808 war kein einfacher. Aufgrund eines Sprachfehlers – er konnte kein rollendes R aussprechen –, hagelte es zunächst Absagen. So war er zum seichten Komödienfach verdonnert. Das tragische Fach, die großen Charakterrollen, die er so gerne gespielt hätte, blieb ihm verwehrt. Dafür folgt nun im Spätsommer 1836 der ganz große tragische Abgang.

Wien ist weit, daher legt das Paar in Pottenstein einen Zwischenstopp ein. Was sich in der Nacht vom 29. auf den 30. August 1836 im Gasthof zum „Goldenen Hirschen" ereignete, schildert der Theaterhistoriker Franz Hadamowsky wie folgt:

„Eine außerordentliche Ängstlichkeit vor einem möglichen Ausbruch der Wasserscheu, dem untrüglichen Anzeichen der Wutkrankheit, ließ ihn die ganze Nacht nicht ruhen. Morgens vier Uhr stand er auf, öffnete das Fenster und klagte laut über ein ungewöhnliches Gefühl von Hitze, Angst und banger Furcht, was er nie empfunden hatte; seine Freundin, dadurch in Schrecken gesetzt, suchte ihn zu trösten, nahm ein Glas, um frisches Wasser zu bringen. Als sie aber damit zur Tür hereinkam, schoss sich Raimund im Bette sitzend mit einem Handterzerol, das er ständig mit sich führte und nachts neben sich liegen hatte, in den Mund."[157]

Der Pistolenschuss ist schlecht platziert, Raimunds Todeskampf streckt sich über Tage. Die Ärzte können ihn nicht retten, und der Wiener Possenreißer erliegt im Alter von 46 Jahren am 5. September seinen schweren Verletzungen. Der Obduktionsbericht ergibt, dass der Bühnenautor keinesfalls an Tollwut erkrankt war. Drei Tage später, am Donnerstag, den 8. September, wird Ferdinand Raimund unter großem Pomp und in Anwesenheit zahlreicher Prominenz und Trauergäste auf dem Bergfriedhof zu Gutenstein zu Grabe getragen. Jedoch ohne Hirnschale – diese hatte sich Wundarzt Anton Rollet nach der Obduktion angeeignet, sei es zu Forschungszwecken, sei es als Souvenir. Erst nach jahrelanger Odyssee taucht im Jahr 1969 die Schale wieder auf und wird dem Grab beigelegt.

Im Jahr 1982 greift der schweizerische Autor und Büchner-Preisträger Adolf Muschg, seines Zeichens ebenfalls leidgeprüfter Hypochonder, den Stoff auf. In der Erzählung „Ihr Herr Bruder" schildert er Raimunds Selbstmord in Briefform aus Sicht des Arztes. Für jenen ist der Dichter nicht Opfer seiner Phobie, sondern seiner entfesselten Fantasie.

Mo 11. September 1978 – Georgi Markow

Geschrieben hat der Bulgare Markow regimekritische Theaterstücke und Novellen – gestorben ist er wie in einem James-Bond-Film. In seiner Heimat war Markow lange Zeit ein gefeierter Autor. Er sympathisierte mit den kommunistischen Ideen, jedoch verachtete er die führende Nomenklatura, die sich hemmungslos auf Kosten der Allgemeinheit bereicherte. In seinen Stücken wie „Ich war Er" (1969) und Novellen wie „Das Porträt meines Doppelgängers" (1966) machte er immer wieder auf Missstände aufmerksam. 1969 setzte sich Markow in den Westen ab und arbeitete von 1971 an als Journalist in London für die BBC.

---

* 01.03.1929 in Sofia, Bulgarien

+ 11.09.1978 in London, England

Begraben auf dem St Candida and Holy Cross Churchyard von Whitchurch Canonicorum, England

---

Das Regenschirm-Attentat

Donnerstag, der 07. September 1978, ist ein lausiger Wochentag in London. Das Wetter ist typisch britisch unbeständig, an der Haltestelle Waterloo Bridge warten etliche Berufspendler auf ihren Bus. Unter ihnen der bulgarische Schriftsteller und Dissident Georgi Markow. Seit sieben Jahren lebt er in London im Exil und arbeitet für die BBC. Plötzlich spürt er einen kurzen, stechenden Schmerz im Oberschenkel. Ein korpulenter Unbekannter hat ihn offensichtlich mit der Spitze seines Regenschirms touchiert. Dieser nuschelt einige Worte der Entschuldigung, besteigt hastig ein Taxi und fährt davon. Markow denkt sich nichts weiter dabei und nimmt wie gewohnt den Weg zur BBC. Zwei Stunden später bekommt er heftiges Fieber, sein Blutdruck spielt verrückt. Noch am selben Abend wird er in die Notaufnahme des Londoner St. James Hospitals eingeliefert – wegen Schmerzen im Oberschenkel. Der behandelnden Arzt Dr. Bernard Riley erinnert sich an den kurzatmigen Patienten: *„Er seufzte und lachte und sagte: Ich bin vom KGB vergiftet worden und werde sterben, da können Sie nichts mehr tun.“*[158] Wenig später fällt der 49-jährige Schriftsteller und Journalist in ein Koma, aus dem er nicht wieder erwachen wird. Die Ärzte sind machtlos. Vier Tage später, am 11. September 1978, ist Georgi Markow tot.

Markow sieht die Zustände im sozialistischen Bulgarien zwiespältig. In seinen Novellen wie „Das Portrait meines Doppelgängers“ (1966) enthüllt er die Kluft zwischen Wirklichkeit und Propaganda. Am 15. Juni 1969, dem Abend der Vorpremiere seiner Komödie „Ich war Er“, kommt es in Sofia zum Eklat. Während sich das handverlesene Publikum über die Kriecherei und Dummheit des parteitreuen Protagonisten köstlich amüsiert, schäumen die Parteifunktionäre vor Wut und stoppen die Aufführung. *„Ein guter Mann, leider gehört er nicht zu uns“*[159], urteilt Staatschef Todor Schiwkow. Der privilegierte Markow, wohl ahnend, dass ihm bald ein Schreib- und Aufführungsverbot droht, nutzt seinen Reisepass und setzt sich ins Ausland ab. 1971 zieht er nach London und arbeitet fortan für die bulgarische Abteilung der BBC. Nach wie vor herrscht zwischen dem Westen und dem Ostblock der Kalte Krieg. Mit seinen regimekritischen Reportagen zieht er immer wieder den Zorn der sozialistischen Machthaber auf sich. Mehrmals erhält er Morddrohungen. Doch wurde Markow tatsächlich, wie von ihm behauptet, Opfer eines KGB-Anschlags?

Die Autopsie-Ergebnisse scheinen dem Recht zu geben. In seinem Beinmuskel fanden Pathologen ein stecknadelgroßes Projektil. Wissenschaftler des britischen ABC-Labors Porton Down konnten in dem 1,5 mm kleinen Geschoss Spuren des Wirkstoffs Rizin nachweisen. Das aus dem Samen der Rizinuspflanze gewonnene Protein ist extrem giftig und steht auf dem Index der UN-Chemiewaffenkonvention. Eingehüllt war das Gift, ähnlich einer Tablette, in Glukose. Der Zucker löst sich bei Körpertemperatur auf und setzt so die tödliche Dosis zeitverzögert frei. Aufgrund der perfiden, ausgeklügelten Technik sind sich die Ermittler sicher: der zur Mordwaffe präparierte Regenschirm entstammt den Geheimlaboren des KGB. Auch der Tag des Attentats, zugleich der Geburtstag des bulgarischen Diktators Schiwkow, weist auf die wahren Hintermänner. Die Öffentlichkeit ist empört, und viele Londoner reagieren panisch, meiden Männer mit Regenschirmen.

Aber wer genau hat den Anschlag verübt? Nach jahrelangen Ermittlungen führen die Spuren zu einem Agenten mit dem Decknamen „Piccadilly". Dahinter verbirgt sich Francesco Giullino, ein Däne mit italienischen Wurzeln. Ende der 1970er Jahre war er Agentenführer des bulgarischen Geheimdienstes Darschawna Sigurnost (kurz DS) und lebte als Antiquitätenhändler getarnt in London. Angeblich war er Anfang der 1970er Jahre beim Drogenschmuggel aufgeflogen und anschließend von der DS zur Zusammenarbeit gezwungen worden. Eine Beteiligung am Mord streitet er jedoch ab. Für eine Festnahme fehlen wasserdichte Beweise.

Nach dem Fall des Eisernen Vorhangs reisen in den 1990er Jahren immer wieder Ermittler von Scottland Yard nach Sofia. Dort vernehmen sie zig Zeugen und sichten Akten, jedoch ohne durchschlagenden Erfolg. Ex DS-General Vladimir Todorov hatte noch vor dem Zusammenbruch der sozialistischen Staaten im Jahr 1989 alle Akten zum Fall Markow vernichtet. Und der ebenfalls verdächtige ehemalige stellvertretende Innenminister Stojan Savov beging im Jahr 1992 Selbstmord.

Trotz zahlreicher Indizien und Details ist der Fall bis heute nicht restlos aufgeklärt, bleibt der Mord an Georgi Markow ungesühnt. Im Jahr 2000 wurde der Dichter und Dissident posthum mit Bulgariens höchster Auszeichnung, dem Orden „Stara Planina", geehrt – *„für seinen Beitrag zur bulgarischen Literatur und seinen Widerstand gegen das kommunistische Regime"*[160], wie es in der Würdigung heißt.

So 23. September 1973 – Pablo Neruda

Der chilenische Kommunist und Diplomat Neruda wird als Dichter vor allem wegen seiner Liebeslyrik geschätzt. Als sein Opus Magnus gilt der „Canto General" (1950), der Große Gesang. Dieses 15.000 Zeilen mächtige Versepos ist eine Liebeserklärung an seinen lateinamerikanischen Kontinent. Im Jahr 1971 erhielt er den Literatur-Nobelpreis *„für eine Poesie, die mit der Wirkung einer Naturkraft Schicksal und Träume eines Kontinents lebendig macht".*[161]

---

* 12.07.1904 in Parral, Chile
+ 23.09.1973 in Santiago de Chile
Begaben auf der Isla Negra, Chile

Exhumierung der Freiheit

Am Sonntag, den 23. September 1973, begibt sich der 69-jährige Pablo Neruda in die Santa Maria-Klinik von Santiago de Chile. Schon seit Jahren leidet der Dichter an Prostatakrebs. Doch dies ist nicht der einzige Grund. Die politische Situation in seinem Heimatland ist unübersichtlich. Vor zwölf Tagen hat das Militär die sozialistische Regierung unter Präsident Allende gestürzt und sich an die Macht geputscht. Hier, in der abgelegenen Privatklinik, fühlt sich der Kommunist Neruda sicher vor Pinochets Häschern. In wenigen Tagen will er sich nach Mexiko absetzen und von dort aus den Widerstand gegen die Militärdiktatur organisieren. Doch das Gefühl der Sicherheit ist trügerisch. Am frühen Abend telefoniert Neruda mit seinem Freund und Chauffeur Manuel Araya. Ein Arzt habe ihm im Schlaf eine Spritze gegeben. *„Er bat mich, umgehend nach Santiago zu kommen. Als wir [d.i. Araya und Nerudas Frau Matilde] ankamen, war er fiebernd, rot und aufgedunsen“*[162], erinnerte sich Araya. Um 22:30 Uhr ist Neruda tot. Die offizielle Todesursache: Tod infolge eines Prostatakarzinoms.

Die Beerdigung Nerudas am 25. September 1973 wandelt sich zur Massenkundgebung gegen die neuen Machthaber. Soldaten schirmen den Sarg ab, Tausende skandieren am Wegrand „Genosse Neruda!“ Doch die Militärs schlagen zurück. Araya wird mit vielen anderen verhaftet, ins Fußballstadion gebracht und dort gefoltert. Mit Neruda wurde symbolisch die Freiheit in Chile begraben. Aber auch nach Ende der brutalen Diktatur im Jahr 1990 bleiben Araya und Matilde dabei: Neruda wurde vom Regime ermordet. Stichhaltige Beweise können sie jedoch nicht anführen.

Pablo Neruda ist zeit seines Lebens immer beides: Dichter und politischer Aktivist. Als im Jahr 1936 sein Dichterfreund Federico García Lorca von den spanischen Putschisten ermordet wird, ist er gerade Konsul in Spanien. Obwohl als chilenischer Diplomat zu Neutralität verpflichtet, wendet er sich öffentlich gegen Franco und muss nach dem Umsturz das Land verlassen. Von seinem Heimatland aus organisiert er ein Jahr später für 2.000 Flüchtlinge des Spanischen Bürgerkriegs die Emigration nach Chile. Die folgenden Jahre ist Neruda erneut als Diplomat unterwegs, mal in Mexiko-City, mal in Paris. Im Jahr 1945 tritt der Dichter der kommunistischen Partei bei und kandidiert für den chilenischen Senat. Im Jahr 1969 wird er sogar zur Präsidentschaftswahl nominiert, doch verzichtet er zugunsten seines Freundes und Sozialistenführers Salvador Allende.

Erst im Jahr 2013 kommt neuer Schwung in den Fall. Da in derselben Klinik, in der Neruda verstarb, im Jahr 1982 der

Staatschef Eduardo Frei nachweislich vergiftet wurde, bewilligt die chilenische Regierung die Exhumierung. Als Nerudas Leichnam ausgegraben und von seinem Neffen identifiziert wird, ist der Medienrummel groß. Sogar das TV berichtet live vor Ort in Sondersendungen. Im Anschluss macht sich ein 15-köpfiges internationales Expertenteam, bestehend aus Gerichtsmedizinern, Biologen und Forensikern, an die Arbeit. Nach mehrmonatiger Analyse kommen sie zu dem Schluss: Neruda ist nicht ermordet worden. Gewebeproben hätten keine Hinweise auf eine Vergiftung ergeben.

Anders sieht das zwei Jahre später Richter Mario Carroza, Vorsitzender einer vom Innenministerium eingesetzten Untersuchungskommission: *„Neruda hatte Krebs, aber er lag sicher nicht im Sterben. Wir sind immer davon ausgegangen, dass in den Tagen in der Klinik etwas Unnormales passiert sein muss.“*[163] Zudem will man bei Neruda „Staphylococcus aureus“, ein hochgiftiges Bakterium, nachgewiesen haben. Doch auch diese Experten kommen in ihrem 11-seitigen Gutachten zu keinem abschließenden Urteil.

Der Fall Neruda bleibt nach wie vor ein Aktenzeichen XY ungelöst. Nach der fruchtlosen Untersuchung kehrt der Dichter zurück in sein Grab auf der Isla Negra. Gebettet wird er, wie schon zuvor, mit Blick aufs Meer. Direkt nebenan baden die Strandgäste.

Mo 29. September 1902 – Émile Zola

„J'accuse" („Ich klage an") – so lautete der Titel seiner politischen Streitschrift aus dem Jahr 1898, mit der er sich für den zu Unrecht verurteilten jüdischen Offizier Dreyfus einsetzt. Émile Zola war schon zu Lebzeiten ein weltberühmter Schriftsteller und zählt heute zu den Hauptvertretern des Naturalismus. In seinem 20 Bände umfassenden Romanzyklus „Die Rougon-Macquart" (1871-93), der den Niedergang einer Familie über fünf Generationen schildert, erweist er sich als minuziöser Chronist seiner Epoche.

---

* 02.04.1840 in Paris, Frankreich

\+ 29.09.1902 in Paris, Frankreich

Begraben auf dem Montmartre-Friedhof, seit 1908 im Pantheon, Frankreich

---

Fataler Beginn der Heizperiode

Es ist Sonntagabend, der 28. September 1902. Im Kamin flackert noch die Glut. Den Sommer hatte das Ehepaar Zola zurückgezogen in seiner Villa in Medan am Ufer der Seine verbracht. Heute sind sie zurückgekehrt aus der Sommerfrische in ihre Pariser Wohnung in der rue Bruxelles im 9. Arrondissement. Da die Nächte bereits kühl sind, haben die Bediensteten ordentlich eingeheizt. Émile Zola liegt wie immer links im Doppelbett. Seine Gattin Alexandrine verschließt noch rasch die Tür und legt sich dann ebenfalls zu Bett. Doch schon wenig später klagen beide über Übelkeit.

Wahrscheinlich haben sie etwas Falsches gegessen, vermutet der 62-jährige Dichter, morgen früh seien sie wieder gesund. Und so verzichten beide darauf, nach den Domestiken zu läuten. Eine fatale Entscheidung. Mitten in der Nacht erwacht Gattin Alexandrine. Ihr ist übel, sie wankt ins Bad und muss sich übergeben. Als sie ins Schlafgemach zurückkehrt, findet sie Émile auf dem Boden liegend. Offensichtlich wollte er die Fenster öffnen und war dabei gestürzt. Zu schwach ihm aufzuhelfen, sinkt sie ohnmächtig aufs Bett. Am nächsten Morgen ist Émile Zola tot.

Émile Zola ist ein angesehener Autor, seine naturalistischen Romane wie „Germinal" (1885) über einen Bergarbeiterstreik und dessen Folgen an der Börse oder die Geschichte über den Aufstieg und Niedergang der erotischen Verführerin „Nana" (1880) erscheinen in hohen Auflagen und machen ihn zu einem wohlhabenden Mann. Aber Zola ist vor allem Journalist und politischer Schriftsteller. 1898 ergreift er in seiner Streitschrift „J'accuse" („Ich klage an") Partei für Dreyfus und setzt sich für dessen Rehabilitierung ein. Der jüdische Offizier Alfred Dreyfus wurde 1894 von einem Kriegsgericht des Landesverrats für schuldig gesprochen – ein Justizirrtum, wie sich später herausstellt. Diese Affäre spaltet über Jahre das Land, ja selbst Familien in liberale Dreyfusards und nationalistisch-antisemitische Antidreyfusards. Zolas Parteinahme folgt eine Verleumdungsklage durch den Kriegsminister. Der Schriftsteller flieht nach London und entzieht sich so einer Strafverfolgung. Hat dieser Skandal etwas mit seinem Tod zu tun?

Zola ist ein gewissenhafter Autor: „Nulla dies sine linea" – Kein Tag ohne eine Zeile, so lautet sein Motto. Umso verwunderter sind die Bediensteten am Morgen des 29. Septembers. Normalerweise sitzt Zola um 9:00 Uhr an seinem Schreibtisch. Als gegen 9:30 Uhr immer noch keine Geräusche aus dem Schlafgemach zu hören sind, klopft das Dienstmädchen

Eugenie an der Tür. Stille. Niemand antwortet. Vorsichtig öffnet sie die Tür und findet das regungslose Ehepaar. Da Zolas Körper noch warm ist, wird er kurzerhand ins Arbeitszimmer gebracht und auf den Diwan niedergelegt. Die herbeigerufenen Ärzte Lenormand und Main beginnen sofort mit Reanimationsmaßnahmen. Zwei Stunden lang werden Äther-Spritzen gesetzt, die Zunge massiert, Beatmungsversuche unternommen – doch ohne Erfolg. Zola verstirbt infolge einer Kohlenmonoxidvergiftung. Offensichtlich hat der Kaminabzug im Schlafzimmer nicht funktioniert. Seine Gattin Alexandrine wird in ein Hospital nach Neuilly-sur-Seine gebracht und überlebt.

„Ein unwiderrufliches Unglück“ (L'Aurore)[164] – Zolas Tod bestimmt die Titelseiten der Zeitungen am folgenden Tag. Die Emotionen – nicht zuletzt wegen der Dreyfus Geschichte – kochen erneut hoch. Daher wird Zola auf Wunsch seiner Witwe am 5. Oktober ohne großen Staatsakt auf dem Montmartre-Friedhof beigesetzt. Alfred Dreyfus ist dabei, die Grabrede hält der Schriftsteller Anatol France.

Ein halbes Jahrhundert später, im Jahr 1953, rollt die Tageszeitung La Libération den Fall wieder auf: „Wurde Zola ermordet?“[165] Hat ein Schornsteinfeger namens Henri Buronfosse unter Mithilfe eines Zola-Bediensteten absichtlich den Abzug verstopft? Wollten sich nationale Kräfte an dem Judenfreund Zola rächen? Dies behauptet der Journalist Jean Bedel und beruft sich auf den pensionierten Apotheker Pierre Hacquin, der um die Jahrhundertwende ebenfalls wie Buronfosse Mitglied der „Liga der Patrioten“ war. In einem Brief an die Tageszeitung berichtet dieser von einem entsprechenden Geständnis, das ihm Buronfosse bereits im Jahr 1928 gemacht haben soll. Der Schornsteinfeger ist kurz darauf verstorben, und abgesehen von der Aussage des Apothekers bleiben stichhaltige Beweise für die Mordtheorie Mangelware.

Sechs Jahre nach Zolas Tod werden seine sterblichen Überreste am 4. Juni 1908 ins Pantheon überführt. Auch sein – nun leeres – Grab auf dem Montmartre-Friedhof mit einer Büste ist ebenfalls noch zu besichtigen.

So 07. Oktober 1849 – Edgar Allan Poe

Für Charles Baudelaire war Poe *„ein Pechvogel, der auf seiner Stirn eine einzige Tätowierung besaß: kein Glück.“*[166] **Zu düster waren seinen Zeitgenossen die Gedichte und Erzählungen des schwarzen Romantikers. Zu Ruhm gelangte Poe erst nach seinem Tod. Seine gruseligen Kurzgeschichten wie „Der Fall des Hauses Usher“ (1839) oder „Die Maske des roten Todes“ (1842) begründeten die moderne Krimi- und Horrorliteratur.**

---

* 19.01.1809 in Boston, USA

+ 07.10.1849 in Baltimore, USA

Begraben in Baltimore auf dem Friedhof der Westminster Hall, USA

Zur falschen Zeit am falschen Ort?

Am Mittwochmittag, den 3. Oktober 1849, erhält Dr. Joseph Snodgrass eine beunruhigende Mitteilung:

> *„Sehr geehrter Herr – In Ryans Wahllokal im 4. Bezirk befindet sich ein Gentleman, ein gewisser E. A. Poe, in erbarmungswürdigem Zustand. Er scheint in großer Not und sagt, dass er mit Ihnen bekannt sei. Ich versichere Ihnen, er braucht sofort Hilfe. In hastiger Eile, Jos. W. Walker.“*[167]

Dr. Snodgrass verständigt Poes Onkel Henry Herring, der in der Nachbarschaft wohnt, und beide machen sich unverzüglich auf den Weg in die Lombard Street. Da in Baltimore gerade Wahlen stattfinden, sind mehr Menschen als üblich auf den Straßen. Vor „Ryan's Tavern", einer Gaststätte, die auch als Wahllokal fungiert, finden sie E.A. Poe – völlig zugedröhnt, in abgewetzten Kleidern und mit Strohhut auf dem Kopf. Sein Atem stinkt nach Alkohol. Da er immer wieder das Bewusstsein verliert, wird er in das Washington College Hospital gebracht.

Auch im Krankenhaus verbessert sich sein Zustand in den kommenden Tagen nicht. Immer wieder fällt Poe ins Koma. Ist er bei Bewusstsein, faselt er unverständliches Zeug oder ruft nach „Reynold" – ein Name, mit dem jedoch niemand etwas anzufangen weiß. Sein Cousin Neilson, der ihn besuchen will, wird abgewiesen, zu schwach sei der Zustand des Patienten. Am Sonntag, den 7. Oktober 1849 um 15 Uhr, verstirbt Edgar Allan Poe im Hospital. Seine letzten Worte lauten: *„Lord, help my poor soul!" – Gott, hilf meiner armen Seele!*[168]

Doch was genau ist passiert, bevor der 40-jährige Dichter in jenem desolaten Zustand vor „Ryan's Tavern" von dem jungen Schriftsetzer Walker aufgefunden wurde?

Poe hat einfach kein Glück, privat wie beruflich. Früh hat er seine Mutter, seine Ziehmutter und auch seine Frau verloren. Kaum besser läuft es für ihn als Schriftsteller, zu düster sind seine Erzählungen. Lediglich sein Gedicht „Der Rabe" (1845) wird in Zeitungen abgedruckt und findet Beachtung. Doch ist sein Ruf wegen unzähliger Alkoholexzesse ruiniert. Vielen gilt er als Querulant und Schnorrer. Poe wohnt zu jener Zeit in New York. Um ein paar Dollar zu verdienen, bricht er im Juni 1849 auf zu einer Lesereise, die ihn durch diverse Städte Neu-Englands führt. Am 28. September erreicht er Baltimore. Bis zu diesem Zeitpunkt ist die Reise gut dokumentiert. Doch dann tut sich eine große Lücke auf. Was in jener Woche vom 28. September bis zum 3. Oktober geschieht, weiß niemand.

Führt ein erneuter Alkoholexzess zum Tod des Dichters? Das meint nicht nur die Öffentlichkeit, sondern auch sein Freund, der Abstinenzler Dr. Snodgrass. Doch ein Umstand macht stutzig: Wieso wurde Poe in so schäbiger Kleidung aufgefunden, die ganz offensichtlich nicht die seine war? Der Dichter legte stets Wert auf sein Äußeres und trug schwarze Anzüge. Ist er etwa ein „cooping"-Opfer? Zur damaligen Zeit waren Wahlen nicht nur eine ernste, sondern auch eine sehr korrupte und rabiate Angelegenheit. Häufig wurden Passanten von Gangs gekidnappt, mit Alkohol (oder Opium) gefügig gemacht und dann zur Stimmabgabe zugunsten eines bestimmten Kandidaten gezwungen. Nicht selten wurden die Opfer anschließend in andere Kleidung gesteckt und erneut vor die Wahlurne gezerrt. „Cooping" nannte man diese höchst illegale Methode der Wahlmanipulation. Gleich mehrere Beweise legen den Verdacht nahe, dass auch Poe Opfer jener auf das „cooping" spezialisierten Gangs wurde: sein berauschter Zustand, die fremde, unpassende Kleidung, der Fundort (vor einem Wahllokal). Und warum rief Poe in der Klinik bis zuletzt den Namen „Reynold" aus? Ist dies womöglich der Name des Kandidaten, der ihm bis zum Umfallen eingetrichtert wurde? War der Unglücksrabe Poe einfach zur falschen Zeit am falschen Ort?

Spätere Biographen bringen noch Krankheiten wie Diabetes, Syphilis oder Tollwut als mögliche Todesursachen ins Spiel, doch fehlen dafür Beweise oder die Thesen wurden widerlegt.

Am Montag, den 8. Oktober 1849, wird Poe auf dem Friedhof neben der Westminster Hall beerdigt – eine triste Zeremonie ohne Trauerrede und Grabstein. Nur acht Personen sind anwesend, darunter Onkel Herring, Cousin Neilson und Dr. Snodgrass. Erst 1860 gibt Poes Cousin einen Grabstein in Auftrag. Der Marmorblock wird jedoch im Hof des Steinmetzes, der an einen Bahndamm grenzt, zerstört, nachdem ein

Zug entgleiste. Geld für einen neuen Stein hat Neilson nicht. Als 1873 ein Reporter über den schlechten Zustand des Grabs Nr. 80 berichtet, initiieren Studenten die Kampagne „Pennies for Poe". Sie sammeln Spenden und das namenlose Dichtergrab erhält endlich einen würdigen Grabstein, den ein Rabe ziert.

Im Jahr 1949 taucht in der Nacht vom 18. auf den 19. Januar – also zu Poes Geburtstag –, eine mysteriöse Gestalt auf dem Friedhof von Baltimore auf: der sogenannte Poe-Toaster. Schwarz gekleidet und vermummt erhebt er am Grab ein Glas Cognac, leert dieses und legt anschließend drei Rosen nieder, bevor er wieder entschwindet. Über 60 Jahre lang wiederholt der Unbekannte sein stilles Ritual – zuletzt verfolgen an die 150 Schaulustige gebannt die düstere Zeremonie. Poe hätte sicherlich eine Geschichte darüber geschrieben.

Di 09. Oktober 1906 – Wolf Graf von Kalckreuth

Bekannt ist Wolf Graf von Kalckreuth vor allem für zwei Dinge: Zum einen für seine Baudelaire- und Verlaine-Übertragungen ins Deutsche, zum anderen durch das „Requiem", das Rilke ihm widmete und in der berühmten Zeile endet: *„Wer spricht von Siegen? Überstehn ist alles"*. **Das eigene lyrische Werk des Frühvollendeten, in der die Todessehnsucht des Fin de Siècle kumuliert, fristet in der Literaturgeschichte ein Schattendasein.**

---

* 09.06.1887 in Weimar
\+ 09.10.1906 in Stuttgart-Cannstatt
Begraben in Hittfeld bei Hamburg

„Die erste Realität, auf die er traf, warf ihn um."

Voller Sorge dürfte der 19-jährige Wolf auf den herannahenden 1. Oktober 1906 geblickt haben, dem Tag seiner Einberufung. Der hochgeschossene, aber körperlich schwächliche Spross einer Offiziersfamilie ist bei der Musterung eigentlich für untauglich erklärt worden. Doch für den Enkel gleich zweier Generalfeldmarschälle konnte durch ein Immediatgesuch an den König eine Sonderdiensterlaubnis erwirkt werden. Kaum eine Woche nach Dienstantritt als „Einjährig Freiwilliger" beim Feldartillerie-Regiment in Cannstatt setzt Wolf Graf von Kalckreuth seinem jungen Leben ein Ende.

„Die Kinder Kalckreuths seien darum so entzückend, weil sie nicht in die Welt passten"[169], urteilte zuvor Alfred Lichtwark, Direktor der Hamburger Kunsthalle und Freund von Wolfs Vater Leopold Graf von Kalckreuth. Dem Vater und anerkannten Kunstmaler war gelungen, was dem Sohn verwehrt bleiben sollte, nämlich nach dem Militärdienst eine künstlerische Laufbahn einzuschlagen. Wolf wuchs mit seinen zwei jüngeren Geschwistern in behüteten Verhältnissen auf. Bereits als 16-Jähriger begann er die Werke der französischen Symbolisten zu übersetzen, die damals in Deutschland noch weitgehend unbekannt und als literarische Avantgarde galten. Die Müdigkeit des Fin de Siècle, die Agonie der Dekadenz finden auch in seine eigenen Gedichte Eingang:

Fragment

In einem Spiegel schau ich krank und matt
Die blassen Qualen, die mein Herz zerstücken.
Die Schattenhände, welche Blatt um Blatt
Die Blüten meiner lichten Kraft zerpflücken.
Kannst du den tiefen Abgrund überbrücken,
Der mich vom Leben trennt, das mir entwich?
Kannst du mein Elend täuschen und berücken?
O Schönste! rette vor mir selber mich![170]

Der letzte Sommer ist nur scheinbar ein ausgelassener mit etlichen Reisen. Gerade hat Wolf das Abitur als zweitbester seines Jahrgangs bestanden, seine Verlaine-Übertragungen erscheinen im Insel-Verlag. Die Ferien verbringt er in Schlesien. Doch in seinen Briefen an seine Jugendliebe Berta Steiner äußert er immer wieder Selbstmordgedanken: *„Ich wünsche, ich könnte Morphium nehmen und bis zur Ankunft in Stuttgart hinüber schlafen [...] Wenn ich noch viel länger von dir fern leben müsste, würden all diese grauenhaften Befleckungen der Phantasie und all die Selbstmordversuche wiederkehren ..."*[171]

Jetzt, Anfang Oktober 1906 in der Armee, konkretisieren sich die Selbstmordabsichten erneut. Wolf ist im Militär ein „fish out of water". „Überstehen ist alles"? – dem körperlichen Schwächling ist klar, dass ihm noch nicht einmal das gelingen würde. Seitdem er in der Kaserne mit den Mannschaften wohnen muss, ist er physisch erschöpft und hat keine Nacht geschlafen. Er beauftragt seinen Diener, eine Waffe zu besorgen, und lässt sich anschließend von einem Kameraden im Detail erklären, wie die Waffe zu handhaben, der Schuss zu platzieren sei.

Am 8. Oktober verfasst Wolf vier Abschiedsbriefe, doch nur der an seine Berta ist erhalten: *„Sei nicht bekümmert um mich, ich werde mit Dante sprechen und Flaubert sehen [...] Ich habe mir einen Revolver gekauft [...] Die körperliche Unfähigkeit, die Verzweiflung, ein solches Leben zu führen, Feigheit vielleicht, sind mir so über den Kopf gewachsen, dass ich heute abend ein Ende machen will. Ich sterbe im Glauben an das Nichts, oder – wovon ich überzeugt bin – an eine leuchtende Fortexistenz."*[172]

Dann drückt er ab. Am 9. Oktober um vier Uhr früh findet sein Diener Wolf Graf von Kalckreuth mit durchschossener Schläfe auf seinem Bett in seinem kleinen Kasernenzimmer. Neben ihm auf dem Nachtisch liegt aufgeschlagen das Gedicht „Voyage" (Reise) aus den „Blumen des Bösen" von Baudelaire. Eine Szenerie, die an Werthers Selbstmord erinnert.

In der Truppenstammrolle des Regiments findet sich folgender nüchterner Eintrag: *„Vereidigung 1.10.1906, 9. X. 1906 Tod durch Erschießen in die rechte Schläfe. Verübte aus unbekannten Gründen Selbstmord in seiner Wohnung. 69 kg; Größe: 1,85; Gestalt: schlank; Kinn, Nase, Mund: gewöhnlich; Haar: g.blond."*[173]

Für die Familie ist der Freitod eine Tragödie. Und doch schreibt Vater Leopold am 11.10.1906 an seinen Freund Alfred Lichtwark: *„Um nichts ist er von uns gegangen hat unser Glück auf immer zerstört, und doch kann ich ihm nicht zürnen. Es* *lag lange in ihm, der Tod stand ihm näher als das Leben. Die erste Realität, auf die er traf, warf ihn um.*"[174]

Wolf Graf von Kalckreuth wurde zunächst in Stuttgart auf dem Pragfriedhof begraben und später nach Hittfeld bei Hamburg überführt, wo er neben seinen Eltern seine letzte Ruhestätte findet. Seine Übersetzungen von Baudelaires „Blumen des Bösen" und seine eigene Lyrik erscheinen posthum in kleinen Auflagen. Zeitgenössische Rezensenten polemisierten und versahen seine Lyrik mit dem Etikett *„dekadente Neuromantik"*[175]. Erst Dekaden später halten ihn einige wenige für „zu Unrecht vergessen" und würdigen die Intensität seiner Dichtung.

In Paris schreibt Rainer Maria Rilke bereits in der Nacht vom 4. auf den 5. November 1908 sein „Requiem für Wolf Graf von Kalckreuth" nieder. Es beginnt mit der bangen Frage: *„Sah ich dich wirklich nie?"* – Nein, beide Dichter sind sich im Leben nie begegnet.

Mi 17. Oktober 1973 – Ingeborg Bachmann

Wie aus dem Nichts tauchte Ingeborg Bachmann Anfang der 1950er Jahre in der „Gruppe 47“ auf und wurde zur gefeierten „Poeta“ der Nachkriegsjahre, deren *„schwebende und unbestimmte“* **Klagegesänge von** *„traurig schönen Bildern und Stimmungen des Untergehens“* **kündeten.[176] Sie galt als** *„brillante Intellektuelle“*[177] **und entwickelte eine eigensinnige Prosa, in der sie klarsichtig und ironisch das vorherrschende Mann-Frau-Verhältnis demaskierte. Heute zählt Ingeborg Bachmann zu den bedeutendsten deutschsprachigen Autorinnen des 20. Jahrhunderts.**

---

* 25.06.1926 in Klagenfurt, Österreich
\+ 17.10.1973 in Rom, Italien
Begraben auf dem Zentralfriedhof von Klagenfurt, Österreich

Die letzte Zigarette einer poetischen Nymphomanin

In der Nacht vom 25. auf den 26. September 1973 ist Ingeborg Bachmann mit einer brennenden Zigarette in der Hand eingeschlafen. Das Nachthemd aus Nylon geht sofort in Flammen auf und brennt sich in die Haut. Erst am nächsten Morgen ruft sie ihre Haushälterin Maria Teofili an. Erschrocken packt jene eine Brandsalbe ein und fährt umgehend zu „La Signora Bachmann“. Seit 1965 lebt die Autorin in Rom in der Via Giulia 66 unweit der Spanischen Treppe. Bachmann ist Kettenraucherin, Alkoholikerin und schwerst medikamentenabhängig.

Offensichtlich mindern die unzähligen Tabletten, die sie täglich schluckt, ihr Schmerzempfinden, denn die Brandverletzungen sind erheblich. So erheblich, dass die besorgte Haushälterin umgehend die Ambulanz ruft. Doch wo befindet sich der Ausweis? Bachmann kann das Dokument nicht finden und greift stattdessen zu einer italienischen Ausgabe ihres Romans „Malina“ (1971). Da steht ihr Name auf dem Cover, da ist ein Bild von ihr zu sehen. Und just in diesem Roman heißt es unheilvoll an einer Stelle über die Protagonistin, die sich am Herd ihre Zigaretten anzündet:

„Ich muss aufpassen, dass ich mit dem Gesicht nicht auf die Herdplatte falle, mich selber verstümmle, verbrenne, denn Malina müsste sonst die Polizei und die Rettung anrufen, er müsste die Fahrlässigkeit eingestehen, ihm sei da eine Frau halb verbrannt.“[178]

Die halb verbrannte Ingeborg Bachmann wird in die Klinik Sant' Eugenio gebracht, wo die Ärzte in den kommenden drei Wochen um ihr Leben kämpfen.

„Malina“ ist der erste und einzige Teil ihrer geplanten „Todesarten-Trilogie“. Das Thema: die Unmöglichkeit der Liebe zwischen Frauen und Männern. Und zerstörerische Liebschaften hat Bachmann, *„das Cover Girl der Gruppe 47“*[179], etliche in ihrem Leben. Als 22-Jährige geht sie, die Tochter eines NSDAP-Mitglieds, eine Beziehung ein zu dem in Paris lebenden jüdischen Dichter Paul Celan, der nur knapp seiner Ermordung durch die Nazis entkommen war. Ein Zusammenleben gestaltet sich schwierig; und schon zu jener Zeit gesteht die junge Autorin etliche Seitensprünge. Vier Jahre später verlässt sie Celan und wirft sich in die Arme des damals schon weltweit bekannten Autors Max Frisch. Beide sind schwere Alkoholiker und betrügen sich, haben unzählige Affären. Frisch ist wild vor Eifersucht, Bachmann betäubt sich mit Tabletten. Auf Frisch folgt der angehende Literat Adolf Opel. Ihm offenbart Bachmann ihre sexuellen Fantasien:

„Was sie sich wünschen würde: bei einem Trupp von Straßenarbeitern anzuhalten, die mit nacktem Oberkörper, schweißbedeckt und staubverschmiert, ihrer Arbeit nachgehen; wie Stricke treten die Adern an ihren muskulösen Armen hervor, […] von diesen Männern, ohne dass ein Wort gewechselt würde, vergewaltigt zu werden, von einem nach dem anderen, allen zusammen.“[180]

Auf ihrer Orientreise 1964 mit Opel, bei einem Zwischenstopp in Athen, kommt es zu dem von Bachmann ersehnten Gang-Bang, den sie verschlüsselt in ihrem Fragment gebliebenen Roman „Der Fall Franza“ (1972) wiedergibt. Am Ende ist sie mit dem schwulen Komponisten Hans Werner Henze liiert – er vertont einige ihrer Gedichte, sie schreibt ihm ein Libretto. Doch auch Henze kann sie nicht retten. Vereinsamt betäubt sich die Schriftstellerin mit Tabletten. Zwei Monate vor ihrem Tod schreibt ein Freund:

„Ich war zutiefst erschrocken über das Ausmaß ihrer Tablettensucht. Es müssen an die 100 Stück pro Tag gewesen sein, der Mülleimer ging über von leeren Schachteln. Sie hat schlecht ausgesehen, war wachsbleich. Und am ganzen Körper voller Flecken. Ich rätselte, was das sein konnte. Dann, als ich sah, wie ihr die Gauloise, die sie rauchte, aus den Händen glitt und auf dem Arm ausbrannte, wusste ich's: Brandwunden, verursacht von herabfallenden Zigaretten.“[181]

Im Oktober 1973 bekommen die Ärzte der römischen Sant' Eugenio-Klinik die Leiden der Ingeborg Bachmann nicht in den Griff. Sie kämpfen gegen lebensgefährliche zerebrale Krämpfe, Folgen einer schweren Entzugserscheinung. Am 17. Oktober 1973 versagen die vitalen Funktionen und um 6 Uhr früh verstirbt Ingeborg Bachmann im Alter von 47 Jahren.

„Es war Mord“ – so lautet der letzte Satz aus „Malina“[182]. Und auch Henze will nicht an einen trivialen Unfalltod glauben und erstattet Anzeige gegen Unbekannt wegen Mordverdacht. Die römische Staatsanwaltschaft nimmt die Ermittlun-

gen auf, jedoch werden diese im September 1974 ergebnislos eingestellt. Ende 1980 greifen Christine Koschel und Inge von Weidenbaum, die Herausgeberinnen der Bachmann-Werke, die Mordtheorie wieder auf. Sie geben der Bachmann-Freundin Heidi Auer eine Mitschuld am Tod. Sie habe die Autorin mit Tabletten versorgt, aber den Namen des Medikamentes, nach dem die behandelnden Ärzte fieberhaft gefahndet hatten, verheimlicht. Erst am 16. Oktober 1973 erfuhren sie den Namen des Mittels: Seresta. Doch kam diese angeblich überlebenswichtige Information zu spät. Heidi Auer weist alle Anschuldigungen von sich, schließlich habe die Bachmann noch ganz andere Drogen konsumiert – und so endet der Streit schlussendlich folgenlos.

Beerdigt wurde Ingeborg Bachmann am 25. Oktober 1973 in ihrer Geburtsstadt Klagenfurt. Hier kommt es seit 1977 einmal im Jahr zu einem Gang-Bang der literarischen Art: Verliehen wird der Ingeborg-Bachmann-Preis, einer der bedeutendsten deutschsprachigen Literaturpreise für junge Autoren.

DI 21. OKTOBER 1969 – JACK KEROUAC

Sex, Drugs & Bebop! Der US-amerikanische Schriftsteller Jack Kerouac zählt mit William S. Burroughs und Allen Ginsberg zu den Gründervätern der Beatgeneration. Mit seinem Kultroman „On the road" (1957) inspirierte vor allem junge Rockmusiker wie Patti Smith, Grateful Dead und The Doors.

---

* 12.03.1922 in Lowell, USA
+ 21.10.1969 in St. Petersburg, USA
Begraben auf dem Edson Cemetery in Lowell, USA

At the end of the road

Am Montagmorgen, den 20. Oktober 1969, liegt Jack Kerouac auf der Couch und schaut TV. Gerade hat er eine Dose Thunfisch geleert und nippt zwischendurch immer wieder an seinem Whisky-Glas. Nebenher macht er sich einige Notizen. Sein Gesicht ist rot verfärbt, sein Körper aufgedunsen und verfettet. Vor wenigen Monaten ist er mit seiner Mutter Gabriela und seiner dritten Frau Stella nach St. Petersburg in Florida gezogen. Ein amerikanisches Rentnerparadies unter der Sonne am Golf von Mexiko. Der 47-jährige Jack ist meist zu Hause, blättert in der National Review, liest Pascal, Voltaire, aber vor allem in der Bibel. Und trinkt dabei Johnny Walker Red label. Heute plagen ihn einmal mehr Magenschmerzen. Er muss sich übergeben und schafft es gerade noch rechtzeitig zum Klo. Doch dieses Mal kotzt Kerouac ohne Ende Blut. Sein Magen scheint zu explodieren. In Panik ruft er nach seiner Frau, doch der Blutfluss will nicht abebben. Seit Langem leidet der Alkoholiker unter einer Leberzirrhose, und jetzt haben sich Lunge und Magen mit Blut gefüllt. Stella ruft den Rettungsdienst, und Kerouac wird mit Blaulicht in die Notaufnahme des St. Anthony Hospitals eingeliefert.

Berühmt wurde Jack Kerouac ein Jahrzehnt zuvor mit seinem Buch: „On the Road" (dt. Unterwegs). Im Jahr 1951 klebte er in seinem kleinen New Yorker Appartement Blätter zu einer einzigen 37 Meter langen Papierrolle zusammen, spannte diese in die Schreibmaschine und begann wie wild drauf los zu schreiben. „Spontanes Schreiben", so nennt es Kerouac. Innerhalb von nur drei Wochen hat er seinen in weiten Teilen autobiographischen Roman fertig. Eine Erinnerung an einen Trip mit seinem Kumpel Neal quer durch die USA bis hinunter nach Mexiko. In der Story geht es um Abenteuer und Freiheit, aber vor allem um Drogen, Sex und Jazz. Und sein Alter Ego Sal Paradise gesteht:

„... und ich trottete, wie ich es immer im Leben getan habe, den Menschen hinterher, die mich interessieren, denn für mich zählen allein die Verrückten, die verrückt sind aufs Leben, verrückt aufs Quatschen, verrückt auf Erlösung, gierig auf alles zugleich, für mich zählen allein jene, die niemals gähnen oder alltägliche Dinge sagen, sondern die brennen, brennen, brennen ..."[183]

So schnell das Buch geschrieben, so lange lässt eine Veröffentlichung auf sich warten. Zu gewagt scheinen Verlegern die detaillierten Sex- und Drogengeschichten. Doch als „On the Road" 1957 endlich erscheint, avanciert Kerouac innerhalb kürzester Zeit – neben seinen Schriftstellerfreunden William S. Burroughs und Allen Ginsberg – zum Gottvater der Beatgeneration. Sein literarischer Road-Movie wird zur Hippie-Bibel – und das trotz Truman Capotes Genörgel: *„Er schreibt nicht, sondern tippt bloß."*[184] Aber auch Kerouac fühlt sich missverstanden und will sich nicht vereinnahmen lassen: *„Ich bin kein Beatnik, sondern Katholik."*[185]

So wie er das Label „Beatnik“ nicht mehr los wird, so kommt er auch vom Alkohol nicht mehr weg. Am Ende ist Kerouac, trotz etlicher Romane und Gedichtbände, ausgebrannt. In seinen Tagebüchern skizziert er immer wieder den Gekreuzigten und betet zur Heiligen Jungfrau Maria, sie möge sich für ihn verwenden und ihn von seiner wahnsinnigen Trunksucht befreien. Doch bleiben seine Gebete unerhört. Als Kerouac am 20. Oktober 1969 im Krankenhaus eintrifft, hat er bereits das Bewusstsein verloren. Die Ärzte des St. Anthony Hospitals versuchen in einer Notoperation, die Blutungen zu stillen. Kerouac erhält insgesamt 30 Blutkonserven. Jedoch vergeblich. Am 21. Oktober um 5:15 Uhr ist seine „road“ in dieser Welt zu Ende.

Jack Kerouacs Leichnam wird in seine Geburtsstadt Lowell überführt und in der St. Jean Baptiste Cathedral, in der er einst Messdiener war, aufgebahrt. Im offenen Sarg trägt er einen Sportanzug und in seiner rechten Hand hält er einen Rosenkranz. Zu seiner Beerdigung am 24. Oktober 1969 sind seine alten Weggefährten Ginsberg und Burroughs gekommen. Dabei ist auch ein junger Fan und Musiker, der ihm im Leben persönlich nie begegnet ist: Bob Dylan.

Literarisch setzt der amerikanische Autor T.C. Boyle der Beatgeneration in seiner Kurzgeschichte „Beat“ ein ironisches Denkmal. Kerouac spielt darin nicht nur eine Hauptrolle, sondern Boyle karikiert zugleich seinen „spontanen“ Schreibstil:

„Yeah, ich war Beat. Wir alle waren Beat. Shit, Mann, ich bin immer noch ein total fertiger Beat-Typ.“[186]

Spätestens nach den ersten Sätzen bräuchte Kerouac wohl einen Johnny Walker, einen doppelten.

So 02. November 1975 – Pier Paolo Pasolini

Insgesamt 33 Mal stand der italienische Autor und Filmemacher Pasolini wegen seiner Provokationen vor Gericht. Seine Werke über die Welt des Lumpenproletariats wie in „Ragazzi di vita" (1955) erregten Aufsehen, nicht zuletzt wegen ihrer sexuellen Freizügigkeiten. Und wegen seines letzten Films „Salò oder Die 120 Tage von Sodom" (1975) über die letzten Tage der Mussolini-Diktatur erhielt Pasolini Morddrohungen von Neofaschisten aus ganz Europa.

---

* 05.03.1922 in Bologna, Italien
\+ 02.11.1975 in Ostia, Italien
Begraben auf dem Friedhof von Casara della Delizia, Italien

Halloween in Ostia

Allerheiligen fällt in diesem Jahr auf einen Samstag. Gerade hat Pasolini noch bei einem Freund zu Abend gegessen, jetzt fährt er in seinem metallicgrauen Alfa Romeo durch das nächtliche Rom. Der 53-jährige Autor und Filmemacher steht unter Strom, sucht das sexuelle Abenteuer. Gegen 22:30 Uhr gabelt er am Termini-Bahnhof den 17-jährigen Stricher Pino Pelosi, genannt der Frosch, auf. Man ist sich handelseinig: 20.000 Lire (10 Euro) für eine schnelle Nummer. Pino, ein kleinwüchsiger, schmächtiger Junge, steigt in den Sportwagen, und gemeinsam fahren sie hinaus Richtung Meer. Es ist kalt, und es nieselt. Bei Ostia, im trostlosen Niemandsland zwischen Strand und Autobahn, zwischen Schutt und

Baracken, läuft auf einem Bolzplatz die Sache aus dem Ruder. Angeblich will Pasolini den Stricher mit einem Stock anal penetrieren. Dieser will nicht, wehrt sich, es kommt zu Handgreiflichkeiten. Pino greift nach einer Zaunlatte, aus der noch Nägel staken, und schlägt auf seinen Freier ein. Als Pasolini regungslos auf dem Boden liegt, ergreift Pino die Panik. Er will mit dem Wagen flüchten und überfährt sein Opfer versehentlich beim Wenden. Gegen 1:30 Uhr wird der Stricher, der mit Pasolinis Alfa Romeo als Geisterfahrer auf der falschen Fahrspur unterwegs ist, von Polizisten gestoppt und mit auf die Wache genommen. Pino schweigt beharrlich, verweigert jede Aussage. Pasolinis übel zugerichteter Leichnam wird erst am nächsten Morgen von einer Spaziergängerin aufgefunden. So zitiert der Corriere della Sera später aus den Akten:

„Als Pasolini tot aufgefunden wurde, lag er auf dem Bauch mit dem Gesicht zu Boden, der blutige Arm vom Leib abgewinkelt, der andere unterm Körper. Die blutverkrusteten Haare fielen über seine aufgeschürfte und aufgeplatzte Stirn. Sein angeschwollenes Gesicht war völlig entstellt und blau angelaufen, mit Wunden übersät. Blau geschlagen und rot von Blut waren auch seine Arme und Hände. Die Finger seiner linken Hand waren gebrochen und aufgeschnitten. Der linke Oberkiefer war zerschmettert. Die zerquetschte Nase war nach links gebogen. Seine Ohren waren entzweigeschnitten, und das linke Ohr abgerissen. Er hatte Wunden auf Schultern, Brustkorb, Hüften; die Spuren der Reifen seines Wagens, mit dem man ihn überfahren hatte, waren deutlich sichtbar. Zwischen Kehle und Nacken war eine schreckliche Platzwunde. Zehn Rippen waren gebrochen, ebenso das Brustbein. Die Leber war an zwei Stellen auseinander gerissen. Sein Herz war geplatzt.“[187]

Die tristen römischen Vorstädte mit ihren Tagelöhnern, Gaunern und Strichern stehen im Zentrum der Bücher und Filme von Pasolini, was ihm das Etikett „Neorealist“ einbringt. Ist der unbequeme, homosexuelle Autor und Filmemacher

Opfer eben jenes Milieus geworden? So sieht es zumindest die Öffentlichkeit. Pino Pelosi, der angeblich in Notwehr gehandelt hat, gesteht vor Gericht und wird als Einzeltäter zu einer 10-jährigen Haftstrafe verurteilt. Auch die zweite Instanz bestätigt das Urteil, und das, obwohl schon damals erhebliche Zweifel am Tathergang bestehen. Konnte der nur 1 Meter 70 große und 60 Kilogramm schmächtige Junge den gestandenen Filmemacher alleine überwältigen? Warum wurden auf Pinos Kleidung kaum Blutspuren gefunden? Zudem hatte Pasolini-Freund und Filmregisseur Sergio Citti zehn Tage nach der Tat einen Zeugen ausfindig gemacht, der behauptet:

„Ich habe zwei Autos gesehen. Vier oder fünf Männer stiegen aus. Sie zerrten Pasolini aus dem Wagen und schlugen sofort zu. Er schrie und schrie. Dann fiel er zu Boden. Die Männer ließen von ihm ab und gingen zu dem Wagen. Dann aber kam ein Wagen zurück. Er leuchtete mit den Scheinwerfern auf Pasolini. Dieser war aufgestanden und versuchte zu entkommen. Er hatte sich wohl tot gestellt. Die Männer verfolgten ihn zu Fuß. Sie schlugen ihn mit einem Holzknüppel nieder. Dann fuhr das Auto absichtlich mehrere Male über den am Boden liegenden Körper."[188]

Doch der anonyme Zeuge weigert sich, vor der Polizei die Aussage zu wiederholen – zu groß ist seine Angst. Für das Establishment bleibt es bei einem Mord im Schwulenmilieu – *„Er hat den Tod gesucht"*[189], so der Politiker Andreotti lapidar und trifft damit die vorherrschende Meinung auf den Punkt.

Fast dreißig Jahre später, im Jahr 2005, widerruft der mittlerweile 46-jährige Pelosi überraschend sein Geständnis. Da er seine Familie bedroht sah, habe er solange geschwiegen. Doch jetzt, wo seine Eltern verstorben seien, behauptet er in einem Fernsehinterview mit Rai 3: *„Ich habe ihn nicht umgebracht, sie waren zu dritt, ich habe ihn verteidigt."* Drei Süditaliener hätten die Tat begangen und dabei gerufen: *„Dreckige Schwuchtel, dreckiger Kommunist!"*[190] Viel mehr Erhellendes kann Pelosi jedoch nicht beitragen. Anders Sergio Citti: Warum sollte Pasolini 30 Kilometer nach Ostia fahren, wenn er schnellen Sex auch in den Büschen von Rom hätte haben können? Pelosi war nur der Lockvogel. Angeblich hätte Pasolini an jenem Abend gestohlene Filmrollen von „Die 120 Tage von Sodom" gegen Zahlung eines Erpressungsgeldes zurückerhalten sollen. Doch stattdessen wurde er von Killern brutal ermordet. Aber wer steckt hinter dem Auftragsmord? Auch hierauf weiß Citti eine Antwort. In den 1970er Jahren, der sogenannten „Bleiernen Zeit", kam es in Italien zu vielen aufsehenerregenden Morden und Anschlägen. So starben beim „Schwarzen Massaker" im Jahr 1969 in Bologna 26 Personen. Die Verdächtigen des Bombenanschlags aus dem neofaschistischen Umfeld wurden mangels Beweisen freigesprochen. Im November 1974 behauptete Pasolini im Corriere della Serra: *„Er kenne die Namen der Hintermänner. Jedoch fehlten ihm die Beweise."* Musste Pasolini sterben, weil er zu viel wusste? Für Citti steht fest: *„Nicht Pelosi hat Pasolini ermordet, sondern die Staatsmacht."*[191]

Im Jahr 2010 wird auf Drängen von Pasolinis Cousin der Fall erneut aufgerollt. Die Untersuchungen liefern – abgesehen davon, dass die Staatsanwaltschaft aufgrund von DNA-Spuren von mehreren Tätern ausgeht – keine neuen Erkenntnisse, und die Akten werden 2015 wieder geschlossen. Just zum Zeitpunkt, da Pasolinis ehemaliger Assistent David Grieco ein Buch („La Macchinazione", dt. Die Machenschaft) mit neuen Beweisen ankündigt. Seinen Recherchen zufolge geht der Mord auf das Konto der „Banda della Magliana", einer römischen Vorstadt-Gang. Die wahren Hintermänner des Verbrechens sieht er in der Führungsriege Italiens, damals angeblich infiltriert von der amerikanischen CIA, dem Nato-Netzwerk Gladio sowie der italienischen Freimaurerloge P2. Doch gerichtsfeste Beweise oder konkrete Namen bleibt auch Grieco schuldig.

Pier Paolo Pasolini wurde im norditalienischen Friaul auf dem Friedhof von Casarsa della Delizia beerdigt. In den Dünen von Ostia erinnert ein Denkmal an den Autor und Filmemacher.

Di 03. November 1914 – Georg Trakl

„Ich habe kein Recht, mich der Hölle zu entziehen."[192] – **dann zog er in den Krieg. Der österreichische Lyriker Georg Trakl galt als** *„Prophet des Weltunglücks"*[193]**. Seine Themen kreisen um Tod, Verwesung und Zerfall. Beeinflusst von den Symbolisten, zählt Trakl zu den bedeutendsten Vertretern des Expressionismus.**

---

* 03.02.1887 in Salzburg, Österreich
\+ 03.11.1914 in Krakau, Polen
Begraben in Mühlau bei Innsbruck, Österreich

Cocaine

Montag, der 24. August 1914, ist ein lauer Spätsommertag in Innsbruck. Am Abend ist Georg Trakl mit Freunden verabredet. Gemeinsam wollen sie in seinem Stammcafé Maximilian trinken und feiern – mit von der Partie ist auch sein Freund und Förderer Ludwig von Ficker, der seine Gedichte in der Zeitschrift „Der Brenner" publiziert. Gegen Mitternacht begleiten sie Trakl, den gelernten Apotheker, zum Bahnhof. Von dort aus geht es für ihn in einem Viehtransport an die Ostfront. Trakl, der sich als Freiwilliger gemeldet hat, verbringt seinen letzten ausgelassenen Abend. Falls er jemals so etwas wie Kriegsbegeisterung verspürt haben sollte, ist damit schon eine Woche später Schluss. Am 3. September 1914 nehmen russische Truppen die galizische Stadt Lemberg ein. Trakl muss als einziger Sanitäter in einer Scheune bei Gródek 90 Schwerverwundete versorgen. Ein Horrorszenario. Ein Soldat mit Blasenschuss erträgt die Schmerzen nicht länger und bläst sich mit einer Kugel das Gehirn aus dem Kopf. Als Trakl, um Fassung ringend, aus der Scheune tritt, offenbart sich ihm ein weiteres grausiges Schauspiel. Überall baumeln unzählige erhängte Deserteure. Ein Anblick, den er nicht wieder vergessen wird: *„Der Menschheit ganzer Jammer, hier habe er einen angefasst!“*[194] Trakl betäubt sich mit Alkohol und *„sehr viel Cocain“*[195]. Gródek – diesen Albtraum hält er in einem seiner letzten Gedichte fest:

Am Abend tonen die herbstlichen Wälder/von tödlichen Waffen, die goldnen Ebenen/und blauen Seen, darüber die Sonne/düstrer hinrollt; umfängt die Nacht/sterbende Krieger, die wilde Klage/ihrer zerbrochenen Münder./Doch stille sammelt im Weidengrund/rotes Gewölk, darin ein zürnender Gott wohnt,/das vergossne Blut sich, mondne Kühle;/Alle Straßen münden in schwarze Verwesung.[196]

Auf dem chaotisch verlaufenden Rückzug ist Trakl, *„ein Kerl wie ein Bär und ein kreuzguter Mensch“*[197], psychisch am Ende. *„Er könne nicht weiterleben, man möge entschuldigen, aber er müsse sich erschießen“*[198]. Kameraden gelingt es gerade noch rechtzeitig, ihm die Waffe zu entreißen. Am 7. Oktober 1914 wird Georg Trakl *„zur Beobachtung des Geisteszustandes“*[199] ins Garnisonshospital von Krakau eingewiesen. Die Ärzte diagnostizieren katatone Zustände, und Patient Trakl gibt sich redselig:

„Vater vor 5 J. an Herzwassersucht im Alter von 74 J. gestorben. Mutter lebt nervenkrank – Opiumesserin. 5 Geschwister. Die jüngste Schwester leidet an Hysterie. Als Kind versuchte OB. sich selbst zu töten. [...] Seit Jahren schon leidet er zeitweise an schweren psychischen Depressionen mit Angstzuständen, dann fängt er an stark zu trinken, um sich von dieser Angst zu befreien. Seit seiner Kindheit schon hat er zeitweise Gesichtshallucinationen, es kommt ihm vor wie wenn hinter seinem Rücken ein Mann mit gezogenem Messer steht.“[200]

Von seiner offenkundig inzestuösen Beziehung zu seiner Schwester Margarete berichtet Trakl allerdings ebenso wenig wie von seiner langjährigen Karriere als Junkie; schon als Teenager beträufelte er seine Zigaretten mit Opium.

Am 24. Oktober 1914 kommt Ficker für zwei Tage nach Krakau, besucht Trakl und will ihn zur Genesung mit nach Innsbruck nehmen – was die Ärzte jedoch ablehnen. Trakl schreibt ihm anschließend: *„Seit ihrem Besuch im Spital ist mir doppelt traurig zu Mute. Ich fühle mich fast schon jenseits der Welt."* Keine zwei Wochen später, am 3. November um 21:00 Uhr, wird aus der Vorahnung traurige Realität. Der letzte Eintrag in seiner Krankenakte vom 4. November 1914 lautet:

„Vorgestern abends ganz munter, gestern in der Frühe in tiefem bewußtlosen Zustande, Pupillen erweitert, reaktionslos. Reagiert nicht auf Nadelstiche, tiefes soporöses Athmen. Puls verlangsamt, gespannt (Suicid durch Cocainintoxication!) Trotz Excitationsmitteln hat sich sein Zustand nicht gebessert, um 9 abds exitus letalis"[201]

Aber woher hatte Trakl das Kokain für seinen Suizid? Die Ärzte vermuten: *„Das Medikament hat er wahrscheinlich von der Feldapotheke, wo er früher tätig war, mitgebracht und so aufbewahrt, das trotz sorgfältiger Untersuchung bei ihm nichts gefunden wurde."*[202] Aber vielleicht hatte ihn auch sein Freund Ficker bei seinem letzten Besuch mit der Droge versorgt.

Georg Trakl wird zunächst auf der Militärsektion des Rakowitzer Friedhofs von Krakau beigesetzt. 1925 werden die sterblichen Überreste auf Geheiß Fickers nach Österreich überführt. Seitdem ruht Trakl auf dem Friedhof von Mühlau bei Innsbruck.

Di 10. November 1891 – Arthur Rimbaud

Modern gesprochen war Arthur Rimbaud ein Punk – heute gilt der Verfasser von „Eine Jahreszeit in der Hölle" (1873) als das Wunderkind der französischen Literatur. Dichtkunst und Leben waren für den erst 16-Jährigen eins – er wollte „Seher" werden, forderte die „Entfesselung aller Sinne". Sein schmales Werk entstand innerhalb von nur drei Jahren. Seine homosexuelle Beziehung zum verheirateten Dichter Paul Verlaine führte zu einem Skandal. Mit gerade 19 Jahren hörte er mit dem Schreiben auf und vagabundierte fortan durch die Welt. Erst posthum gelangten seine Werke zu Ruhm. Kaum ein anderer Autor hat mit seinem poetischen Programm und seiner Lyrik so viele Dichter-Generationen beeinflusst wie Rimbaud.

---

* 20.10.1854 in Charleville, Frankreich
+ 10.11.1891 in Marseille, Frankreich
Begraben auf dem Friedhof von Charleville, Frankreich

Der letzte Aufbruch

Am 20. Mai 1891 staunen die Ärzte des neuen L'Hôpital La Conception von Marseille. Selten zuvor haben sie ein derart monströs ausgewachsenes Krebsgeschwür an einem Knie gesehen. Eine rasche Amputation des rechten Beines ist unausweichlich. Der 36-jährige Arthur Rimbaud ist am Boden zerstört. Im Februar, als das Leiden begann, war er noch mit Karawanen in Äthiopien unterwegs. Gehandelt hat er weniger mit Sklaven und Waffen, wie es Legenden behaupten, sondern mit Kaffee, Moschus und Fellen. Bereits im April war sein Knie dick *„wie ein Kürbis“*[203], sodass er nicht mehr laufen konnte. Auf einer Bahre wurde er durch die Wüste geschleppt, bevor er die beschwerliche zweiwöchige Schiffsreise nach Marseille antreten konnte.

Am 22. Mai 1891 telegraphiert Rimbaud an seine Mutter: *„Komm du oder Isabelle heute mit dem Expresszug nach Marseille. Montagmorgen wird mein Bein amputiert. Todesgefahr. Wichtige Dinge zu regeln. Arthur, Hospital La Conception. Bitte antworte. Rimbaud.“*[204]

Seine Mutter reagiert prompt: *„Breche auf, komme morgen Abend an, sei zuversichtlich.“*[205] Nach der Amputation am 27. Mai sitzt sie an seinem Krankenbett. Zwei Monate später wird Rimbaud mit einem Holzbein aus der Klinik entlassen. Den Sommer verbringt er mit seiner Mutter und seiner Schwester Isabelle in Roches. Hier, auf dem familiären Landsitz in den Ardennen, wo er fast zwei Jahrzehnte zuvor seine „Une Saison en Enfer“ (dt. Eine Jahreszeit in der Hölle) verfasst hat, will er genesen, um dann so schnell wie möglich wieder nach Harar aufzubrechen.

Kaum einer ist im Leben so oft aufgebrochen, hat so viele rastlose Fußmärsche hinter sich gebracht wie Arthur Rimbaud. Als er noch keine 16 Jahre alt ist, macht er sich erstmals auf den Weg nach Paris, um Dichter zu werden. Im Brief vom Mai 1871 an seinen Lehrer Georges Izambard formuliert er bereits sein poetisches Programm: Er will ein „Seher“ werden, er will die Entfesselung aller Sinne, um im Unbekannten anzugelangen. Prosaisch ausgedrückt: Er will die Dichtkunst revolutionieren. Doch die ersten Fluchtversuche des *„erschreckend frühreifen Früchtchens“*[206] enden kläglich. So resümiert er später in dem Gedicht „Adieu“:

„Ach! Die verfaulten Lumpen, das regendurchweichte Brot, der Rausch, die tausend Liebschaften, die mich gekreuzigt

haben! ... Ich habe es noch vor Augen, die Haut von Dreck und Aussatz zerfressen, das Haar und die Achselhöhlen voller Würmer, und mit noch dickeren Würmern im Herzen, ausgestreckt unter Fremden, alterslos, gefühlstaub ... ich wäre beinahe dran gestorben.“[207]

Als Rimbaud Ende 1871 eine Einladung des Dichters Paul Verlaine nach Paris erhält, ist das der Beginn einer künstlerisch fruchtbaren wie tragischen Liebesbeziehung. Gemeinsam brennen die beiden durch, nach Brüssel, nach London und zurück. Bis es im Juli 1873 zu dem Drama von Brüssel kommt. Als Rimbaud droht, Verlaine zu verlassen, feuert dieser im betrunkenen Zustand zwei Schüsse ab. Rimbaud wird zwar nur leicht an der Hand verletzt, jedoch kommt es zu einem Prozess, an dessen Ende Verlaine zu zwei Jahren Haft verurteilt wird. Rimbaud verarbeitet den tragischen Ausgang dieser Beziehung in seiner „Une Saison en Enfer“. Es ist auch das einzige Werk, von dem er einige Exemplare auf eigene Kosten drucken lässt. Doch anders als erhofft, fällt er damit in Paris durch. Die Parnassiens geben Rimbaud die Schuld an dem tiefen Fall Verlaines und wollen nichts mit ihm zu tun haben. Resigniert verlässt Rimbaud Paris. Mit nur 19 Jahren ist sein Traum als Dichter zu Ende. Fortan durchquert er Europa, bis er am Horn von Afrika strandet und als Karawanenhändler seinen Lebensunterhalt bestreitet.

Ans Dichten denkt Rimbaud schon lange nicht mehr, dies war für ihn nur eine jugendliche Verrücktheit. Hier in Roches will er 1891 so schnell wie möglich genesen und dann zurück nach Abessinien. Doch will das Gehen mit dem Holzbein nicht so recht klappen. Er klagt über Schmerzen in der Schulter und in den Gelenken. Offenbar hat der Krebs gestreut. Dennoch will er unbedingt wieder los. Am Sonntag, den 23. August, bricht er auf nach Marseille. Seine jüngere Schwester Isabelle begleitet ihn. Im Hôpital La Conception erhält er nun ein mechanisches Bein, übt das Gehen, bekommt Morphium gegen die Schmerzen. Doch die Ärzte stehen der Krankheit machtlos gegenüber. Im vertraulichen Gespräch mit der Schwester geben sie ihm noch ein, höchstens zwei Monate. Isabelle hält die Mutter in Briefen ständig auf dem Laufenden. Am 28. Oktober schreibt sie hocherfreut: Rimbaud sei zum Katholizismus konvertiert. Sie preist ihren Bruder als *„heiligen Märtyrer"*.[208] Doch leider ist die strenggläubige Schwester die einzige Zeugin. Nicht wenige bezweifeln die Konversion, sie vermuten, der Brief sei erst nach Rimbauds Tod verfasst worden.

Am Montag, den 9. November 1891, diktiert Rimbaud seinerseits einen Brief an eine Schifffahrtsgesellschaft:

> *„Ich bin total paralysiert, daher wünsche ich mich frühzeitig an Bord zu begeben, nennen sie mir bitte die Uhrzeit, zu der ich an Bord gebracht werden kann."*[209]

Einen Tag später, am 10. November 1891, tritt Rimbaud seine letzten Reise an – am Vormittag um 10:00 Uhr erliegt er in Marseille den Folgen einer Krebserkrankung. Anschließend wird der Leichnam nach Charleville überführt. Zu seiner Beerdigung am 14. November sind allein seine Schwester und seine Mutter anwesend. Noch nicht einmal sein Bruder wurde informiert.

Als im Dezember 1891 das Blatt „L'Echo de Paris" den Tod des Dichters in der Hauptstadt bekannt macht, wundern sich die Zeitgenossen, denn viele wähnten ihn längst verstorben. Verlaine hatte sich zwischenzeitlich um Rimbauds Werk gekümmert, einige seiner Gedichte veröffentlicht. Doch die „Rimbaudmania" setzt erst nach seinem Tod ein. Rimbaud, der sein schmales Werk zwischen dem 16. und 19. Lebensjahr verfasst hatte und danach verstummte, inspiriert bis heute die Dichtergenerationen. Die Zahl der Publikationen, Romane, Theaterstücke, Comics und Verfilmungen zu seinem Leben und Werk ist schier unüberschaubar. *„Man muss absolut modern sein“*[210], forderte einst der Poet Arthur Rimbaud – und er ist es bis heute geblieben.

So 20. November 1910 – Leo Tolstoi

„Alles was er anpackt, wird unter seiner Feder lebendig. Und wie weit ist das Feld seiner schöpferischen Kraft – es ist einfach unglaublich.“[211] – **Ivan Tuvgenjev**

Seine Romane „Krieg und Frieden“ (1869) und „Anna Karenina“ (1877) machten Leo Tolstoi schon zu Lebzeiten zu einer Legende. Doch auf dem Höhepunkt seines Ruhms zog sich der Nationaldichter aufs Land zurück und wandelte sich zum Anarchisten, Pazifisten und Vegetarier. Auch als kauziger Hippie, der jedem Luxus entsagt, erlangte er Kultstatus, und viele Fans verehrten ihn wie einen religiösen Führer.

---

* 09.11.1828 in Jasnaja Poljana, Russland
+ 20.11.1910 in Astapowo, Russland
Begraben in Jasnaja Poljana, Russland

Der Passagier von Zug Nr. 12

Am Donnerstag, den 10. November 1910, steht sein Entschluss fest. Nach fast 50 Ehejahren will der 82-jährige Tolstoi nicht mehr, will nur noch allein sein. *„Mit ihr zu leben ist unmöglich“*, notiert er in seinem zweiten, geheimen „Tagebuch nur für mich“[212]. Gemeint ist seine Frau Sofia, die er einmal mehr des Nachts in seinen Papieren herumstöbern hörte. Ihr hinterlässt er jene Zeilen:

„Meine Abreise wird dich kränken. Ich bedaure es heftig, aber verstehe mich und glaube mir, dass ich nicht anders zu handeln vermag: meine Lage in diesem Haus wird unerträglich

(...). Ich kann nicht länger in diesen Verhältnissen des Luxus leben und tue nun das, was Greise meines Alters tun: Sie scheiden aus dem Leben in der Welt, um in Einsamkeit und Ruhe ihre letzten Tage zu verbringen.“[213]

Anschließend macht sich der agile Greis nachts um drei Uhr klammheimlich aus dem Staub. Seine jüngste Tochter Alexandra packt in aller Stille die Koffer und begleitet ihren Vater. Mit von der Partie ist auch sein Leibarzt Makovicky. Zunächst will der unentschlossene Dichter in das Kloster Optina Pustyn, wo auch seine Schwester lebt. Sie reisen im Zug in der dritten Klasse. Als Ehefrau Sofia am nächsten Tag von der Flucht des Gatten erfährt, will sie sich zunächst im Teich des Gutsparks ertränken. Sie wird gerettet und schwört nun, ihrem Gatten nachzureisen. Als Tolstoi davon erfährt, ergreift ihn erneut die Panik und er setzt seine kopflose Flucht fort: Jetzt will er auf einmal nach Bulgarien an die Schwarzmeerküste.

Über viele Jahre ist die Ehe eine glückliche. Sofia kümmert sich nicht nur um die Erziehung der acht Kinder und die Verwaltung des Gutshofs, sondern schreibt auch die Manuskripte ihres Mannes wie „Krieg und Frieden“ ins Reine. Leo Tolstoi ist zu Lebzeiten bereits eine Legende. Doch nicht nur sein Bart erreicht mit den Jahren prophetische Ausmaße, auch wendet er sich mehr und mehr der Religion zu. Er predigt Gewaltlosigkeit und Enthaltsamkeit, verdammt Eigentum und Fleischverzehr. Diese Botschaften sind zwar Brosamen für seine zahlreichen Anhänger, jedoch zugleich die Sporen des Spaltpilzes für seine Ehe. Es beginnt zu kriseln, immer häufiger kommt es zu Streitereien. Tolstoi ist nicht nur jeder Luxus zuwider, auch will er nach seinem Tod auf sämtliche Urheberrechte verzichten und seine Werke zum Allgemeingut erklären. Wenn Sofia ihrem Mann bei diesen Idealen nicht mehr folgen will, ist dies weniger einer Geldgier, sondern eher einem Pragmatismus geschuldet. Anders als ihr Gatte weiß sie um die Kosten, die der Unterhalt einer Großfamilie und eines Gutshofs mit sich bringt. Begleitet von Tochter Tatjana und zwei Söhnen nimmt sie die Verfolgung auf.

Tolstois Plan, inkognito zu reisen, ist im Vorhinein zum Scheitern verurteilt. Allerorten wird er erkannt. Neben Ehefrau Sofia sind ihm bald auch die Presse und ein Geheimagent auf den Fersen. Tolstois Flucht ist der Aufmacher in den Zeitungen Moskaus. Doch der Dichter schwächelt, kränkelt, hat Fieber und Schüttelfrost. In den zugigen Abteilen der dritten Klasse und bei Außentemperaturen um den Gefrierpunkt hat er sich eine Erkältung zugezogen, eine Lungenentzündung kündigt sich an. In der Stadt Astapowo, wo es neben dem Bahnhof eine Ambulanzstation gibt, wird die Flucht am 13. November jäh unterbrochen. Im Krankenblatt des dort ansässigen Arztes lässt Tolstoi unter der Rubrik „Beruf" eintragen: *„Passagier von Zug Nr. 12."*[214]

Der angeschlagene Dichter wird ins Haus des Bahnhofsvorstehers gebracht, wo ihm ein Bett bereitet wird. Tolstoi hat inzwischen 40° Celsius Fieber und fantasiert. Bereits am nächsten Morgen ist das Häuschen umlagert von unzähligen Schaulustigen, Fotografen und Zeitungsreportern. Selbst Kamerateams haben sich aufgebaut, damals noch ein Novum. Am 15. November trifft auch Sofia in einem Sonderzug in Astapowo ein. Doch die Kinder halten sie davon ab, zu ihrem Gatten vorzudringen. Gleich den Schaulustigen lugt sie durchs Fenster, um von ihrem Leo wenigstens einen Blick zu erhaschen. Bis zum 16. November ist der schwerkranke Tolstoi noch bei Bewusstsein, diktiert, lässt sich vorlesen, isst Spiegeleier. Dann schwinden seine Kräfte, und er fällt am 19. November in ein Koma. Erst jetzt darf Sofia zu ihm. Der Todeskampf des Nationaldichters wird zum Medienereignis. In den letzten Tagen werden von Astapowo aus über 1.500 Telegramme verschickt. Der Löwe „Leo" Tolstoi, der sich zum Sterben in die Einsamkeit zurückziehen wollte, stirbt nun vor den Augen der Öffentlichkeit. Am Morgen des 20. November 1910 um 6:05 Uhr hört sein Herz auf zu schlagen.

„Alle glücklichen Familien gleichen einander, jede unglückliche Familie ist auf ihre eigene Weise unglücklich", so lautet der erste Satz aus „Anna Karenina" (1877). Ein Prinzip, dem sich am Ende auch die Tolstois beugen müssen.

Bereits am nächsten Tag wird der Leichnam in seinen Heimatort Jasnaja Poljana überführt. Mehr als tausend Menschen erweisen Leo Tolstoi dort mit abgenommenen Mützen die letzte Ehre, bevor der Dichter unweit seines Hauses zu Grabe getragen wird. Hier im Wald, auf einem kleinen grünen Hügel unweit einer Schlucht, findet er endlich seine gewünschte Ruhe – ohne Grabstein oder Kreuz.

Do 21. November 1811 – Heinrich von Kleist

Zu seinen Lebzeiten blieb Kleist jeder Erfolg versagt. Die Uraufführung von „Der zerbrochene Krug" unter der Regie von Goethe am 2. März 1802 in Weimar endete in einem Debakel. Abgeschmackt und langweilig, urteilten die Zeitgenossen über ein Stück, das heute zu den meistgespielten deutschen Komödien zählt. Der Außenseiter von einst gehört mit seinen Bühnenstücken wie „Prinz Friedrich von Homburg" (1810) und Erzählungen wie „Das Erdbeben in Chili" (1807) inzwischen zum Kanon der Weltliteratur.

---

* 18.10.1777 in Frankfurt/Oder
+ 21.11.1811 in Berlin
Begraben in Berlin am Kleinen Wannsee

Kaffee mit Schuss

Vielleicht haben die beiden an diesem Donnerstagmorgen noch erhebliche Kopfschmerzen. Die Nacht zuvor hat man reichlich Wein und Rum getrunken und Abschiedsbriefe verfasst. Henriette Vogel an ihren Gatten gerichtet, Heinrich von Kleist an seine Lieblingsschwester Ulrike:

> *„Ich kann nicht sterben, ohne mich, zufrieden und heiter wie ich bin, mit der ganzen Welt, und somit auch, vor allen anderen, meine teuerste Ulrike, mit Dir versöhnt zu haben [...] Du hast an mir getan, ich sage nicht, was in Kräften einer Schwester, sondern in Kräften eines*

Menschen stand, um mich zu retten: die Wahrheit ist, daß mir auf Erden nicht zu helfen war. Und nun lebe wohl; möge Dir der Himmel einen Tod schenken, nur halb an Freude und unaussprechlicher Heiterkeit dem meinigen gleich: das ist der herzlichste und innigste Wunsch, den ich für Dich aufzubringen weiß.

Dein Heinrich"[215]

Der Doppelselbstmord, der an jenem graukalten Novembertag am Ufer des Wannsees folgt, ist kein spontaner Akt der Verzweiflung, sondern sorgfältig inszeniert. Der ambitionierte, wie vom Ehrgeiz zerfressene Dichter ist mit 34 Jahren am Ende – erfolglos, abgebrannt und gescheitert. Henriette Vogel, ihrerseits unglücklich verheiratet, ist unheilbar an Gebärmutterkrebs erkrankt. Gemeinsam haben die beiden Seelenverwandten beschlossen, aus dem Leben zu scheiden. Tags zuvor hatte man sich mit der Kutsche zum Gasthof „Stimmings Krug" fahren lassen und sich in getrennten Zimmern eingemietet. Kleist leidet von jung an unter manisch-depressiven Schüben, und auch eine unterdrückte Homosexualität wird von Biographen immer wieder als Suizidursache diskutiert. Gewiss ist in jedem Fall das ausgeprägte Rechtsempfinden des einem preußischen Adelsgeschlecht entstammenden Dichters. Dieses spielt auch in seinen Werken immer wieder eine zentrale Rolle, sei es in seinem Bühnenstück „Der zerbrochene Krug", sei es in seiner Erzählung „Michael Kohlhaas". Nur niemandem etwas schuldig bleiben, so lautet auch seine Devise in den letzten Stunden. Während Henriette Vogel für zehn Taler eine Trauertasse mit ihrem Bildnis in Auftrag gibt, die ihr Gatte zum nahenden Heiligabend erhalten soll, verfügt Kleist die Zustellung eines Talers an einen Barbier, den er zu bezahlen vergessen hatte.

Am frühen Nachmittag zwischen zwei und drei Uhr albert das Paar am Seeufer herum und lässt schließlich einen gedeckten Tisch und zwei Stühle aufstellen. Was für eine Szenerie an diesem tristen Novembertag! Sie sind heiterer Stimmung und bestellen Kaffee, ein gerade in Mode kommendes und exquisites Getränk. Ob der Stotterer Kleist es Henriette überlassen hat, die Bestellung aufzugeben? In jedem Fall schüttet er den restlichen Rum hinzu. Sahne und Zucker dürfen auch nicht fehlen. Die Bedienung wird bezahlt, nur nichts schuldig bleiben. Dann fallen zwei Schüsse. Eilig kommt Frau Stimming mitsamt Bediensteten zum Ufer gelaufen. Welches Bild sich den Herbeigeeilten bietet, können wir den detaillierten Schilderungen in den preußischen Polizeiakten entnehmen:

„Henriette war [...] nach hinten auf den Rücken gesunken; sie lag leichenblass, aber mit zufriedenem Gesichtsausdruck und offenen Augen da, die Hände in weißen Glacéhandschuhen über den Bauch gefaltet, und ihr weißes Batistkleid, über dem der feine blaue Überrock auseinandergeschlagen war, zeigte unter der linken Brust ein kleines Loch, das ringsum schwärzlich verkohlt und von nur wenig Blut verkrustet war.

Ihr gegenüber, zwischen ihren Füßen kniend, hockte Kleist, die linke Hand locker über dem linken Knie, sein kleiner runder Kopf war auf den niedrigen Grubenwall gesackt und ruhte neben Henriettes einer Hüfte auf seiner rechten Hand, die die Pistole, den Lauf gegen seinen Mund gerichtet noch umklammert hielt. Seine Zähne waren fest aufeinandergebissen, die Lippen von etwas bereits geronnenem Blutschaum beschmutzt, und sein Gesicht totenblass wie das seiner Gefährtin, hatte den gleichen, beinahe lächelnden, tiefzufriedenen Ausdruck wie das ihre. Neben ihm in der Grube lag eine zweite, abgeschossene Pistole, während eine dritte, noch geladen, auf dem Tisch lag.“[216]

Am selben Abend kommen Henriettes Mann sowie ein gemeinsamer Freund an den Tatort und regeln das Nötigste. Laut Obduktionsbericht vom folgenden Tag ist Kleist, der sich in den Mund geschossen hatte, *„größtentheils durch Erstickung des Schießpulvers sehr schnell gestorben“*[217]. Schon am 22. November 1811 werden beide vor Ort begraben.

Kleist droht das Vergessen. Es dauert ein halbes Jahrhundert, bis der verkannte Dichter nach und nach wieder entdeckt wird. Heute gehören seine Dramen und sein erzählerisches Werk zum klassischen Repertoire. Am Kleinen Wannsee erinnert eine Gedenkstätte an den tragisch-heiteren Freitod. Ein Zitat aus seinem Bühnenstück „Prinz Friedrich von Homburg“ (1809) ziert den Grabstein: *„Nun, o Unsterblichkeit, bist du ganz mein.“*

Fr 25. November 1763 – Antoine-François Abbé Prévost

„Zum ersten Mal schlägt sich ein Autor im Kampf zwischen Tugend und Leidenschaft bedingungslos auf die Seite der Leidenschaft.“[218] **Der Benediktinermönch Abbé Prévost, selbst kein Kind von Traurigkeit, kreierte mit seinem schmalen Roman „Manon Lescaut“ (1731) den Archetypus einer neuen Frauengestalt: die „femme fatale“.**

---

* 01.04.1697 in Hesdin, Frankreich
\+ 25.11.1763 in Courteuil, Frankreich
Ohne Grab

Der Priester, der Chirurg und der Tod

Ein diesiger Schleier liegt über der hügeligen Picardie-Landschaft im Norden Frankreichs. Doch der triste Novembertag lässt sich eigentlich gut an für den 66-jährigen Abbé. Der Lebemann und Benediktinermönch fühlt sich bestens; und er ist zum Mittagessen bei Glaubensbrüdern in der nahe gelegenen Abtei Saint-Nicolas-d'Acy eingeladen. Nach üppigem und ausgiebigem Schlemmermahl macht er sich gegen 16:00 Uhr auf den Heimweg, mit der Entschuldigung, er habe noch an Schriften zu arbeiten. In Wirklichkeit will sich der Abbé vor einer Teilnahme an der um 17:00 Uhr beginnenden Abendmesse drücken. Was auch gelingt. Doch dann wird seine gute Laune eingetrübt. Auf dem vier Kilometer langen Rückweg nach Saint-Firmin beginnt es ihn trotz seines dicken Mantels zu frösteln. Er fühlt sich schwach, wankt hin und her und bricht schließlich an einer Weggabelung zusammen. Offensichtlich hat ihn der Schlag ereilt. Kurz darauf finden Bauern den wie tot daliegenden Mann und bringen ihn unverzüglich in das Pfarrhaus der nahe gelegenen Kirche von Courteuil. Der Pfarrer erkennt den Abbé wieder und lässt unverzüglich nach dem Arzt aus der Abtei rufen. Der Chirurg, aus dem Schlaf wach gerüttelt, eilt zum Pfarrhaus. Dieser glaubt den Abbé tot und lässt ihn entkleiden, um sogleich mit der Autopsie des Leichnams zu beginnen. Mit einem geübten Skalpellschnitt öffnet er den Brustkorb. Doch dann gefriert den Anwesenden das Blut, denn der für tot gehaltene Abbé fängt auf einmal lauthals an zu schreien. Mit raschen Stichen vernäht der Chirurg die eigenhändig zugefügte Wunde, doch zu spät – Abbé Prévost kehrt kein zweites Mal ins Leben zurück.

Obwohl Abbé Prévost in seinem Leben über 200 Werke verfasste – darunter auch etliche Reiseberichte und wissenschaftliche Werke –, ist er heute nur noch mit einem Werk in den Buchhandlungen vertreten: „Manon Lescaut“[219]. Dieser kurze wie freizügige Roman aus dem Jahr 1731 über zwei blutjunge Liebende, die miteinander durchbrennen, sorgte schon bei Erscheinen für einen handfesten Skandal. Guy de Maupassant schreibt 1885 in einem Vorwort zu einer neuen Pracht-Ausgabe:

„Manon verkörpert, was das weibliche Wesen an Liebenswürdigkeit, Verführungskraft und Schamlosigkeit zu bieten vermag … die Eva des verlorenen Paradieses, die unsterblich, listenreiche und naive Versucherin, ein Liebestier von angeborener Schlauheit ohne jedes Schamgefühl.“[220]

Weltberühmt wurde der Stoff durch die Opern-Vertonungen von Jules Massenet (1884) und von Giacomo Puccini (1893). Aber auch Serge Gainsbourg hat diese „femme fatale“ 1968 in einem seiner Chansons verewigt:

„Je dois avoir perdu la raison/Je t'aime Manon“ – (Ich muss verrückt sein/aber ich liebe dich Manon).

Im Jahr 2006 behauptet Jean Sgard in seiner Prévost-Biographie: Dass der Abbé unter dem Skalpell verstorben sei, sei reine Legende, die zwanzig Jahre nach seinem Tod in die Welt gesetzt wurde. Schon im selben Jahr, also 1786, widersprach ein gewisser Abbé Varnau und bezog sich dabei auf ihm angeblich vorliegende amtliche Akten und den Autopsiebericht. Alle im Pfarrhaus anwesenden Personen wären vom Tod des Abbés überzeugt gewesen und die Autopsie sei erst am nächsten Tag erfolgt[221]. Spricht Abbé Varnau die Wahrheit, oder will er lediglich den fatalen Ärztefehler eines Mitbruders vertuschen und die Reputation des Klosters verteidigen?

Ob Ärztepfusch oder nicht, im Örtchen Courteuil erinnert noch heute ein Wegkreuz an den Verfasser der legendären „Manon".

Mi 25. November 1970 – Yukio Mishima

„Er bestreut seine Figuren mit Brusthaar und Puderzucker“[222] – **so Fritz J. Raddatz über das Werk des japanischen Schriftstellers und Exzentrikers Yukio Mishima. Mit seinem autobiographischen Roman „Geständnis einer Maske“ (1945) gelang ihm ein Sensationserfolg. Viele seiner folgenden Bücher wurden zu Bestsellern, und er galt lange Zeit als heißer Kandidat für den Literatur-Nobelpreis. Nebenbei spielte der Homo-Samurai in zweitklassigen Filmen mit, posierte für Aktfotos und gründete eine Privat-Armee. Politisch hatte er ein Ziel: die Rückkehr Japans zur Kaiserherrschaft.**

* 14.01.1925 in Tokio, Japan
\+ 25.11.1970 in Tokio, Japan
Begraben auf dem Tama-Friedhof in Tokio, Japan

Harakiri in Tokio

Um Punkt zwölf Uhr mittags betritt Yukio Mishima am 25. November 1970, gekleidet in einer an die alte Samurai-Tradition erinnernden Fantasieuniform, den Balkon. Im Kasernenhof des Hauptquartiers der Streitkräfte inmitten von Tokio haben sich an die tausend Soldaten versammelt. Unter dem Vorwand, dem befehlshabenden General ein kostbares Samurai-Schwert zeigen zu wollen, hat sich Mishima mit vier Kameraden seiner Privatmiliz „Tatenokai“[223] Zugang verschafft. Kurzerhand ist General Mashita von dem Trupp als Geisel genommen worden. Im Gegenzug für seine Freilassungen fordert Mishima, vor der Garnison eine Rede halten zu dürfen. Gegen Mittag hat der Schriftsteller seinen großen Auftritt. Selbstbewusst steht er auf dem Balkon, die Hände in die Hüften gestemmt. Seine Komplizen entrollen derweil ein Transparent mit pro-kaiserlichen Parolen. Sein Ziel: Er will die klassische Herrschaft des Tennos wieder herstellen und zum Putsch aufrufen. Doch der Manga-Don Quichotte stößt nicht, wie erhofft, auf flammende Begeisterung, sondern erntet nur Spott und Häme. Die Soldaten verlachen und beschimpfen ihn, rufen *„Bakayaro!"* – *„Fick dich ins Knie!"*[224] Keine Viertelstunde später bricht Mishima seine Rede ab.

Yukio Mishima ist ohne Frage eine schillernde Persönlichkeit. Seine literarischen Werke finden auch international Beachtung, und er wird des Öfteren als heißer Kandidat für den Literatur-Nobelpreis gehandelt. Gewaltfantasien und Körperkult sind seine Obsession. So lässt er seinen muskelgestählten Körper immer wieder in narzisstischen Samurai-Posen ablichten, nicht selten als erotischen Akt. Auch führt er ein Doppelleben. Er heiratet und zeugt zwei Töchter, nachts durchstreift er die Schwulenbars von Tokio und verkehrt mit Strichern. Ein Thema, das er in seinem bislang nicht auf Deutsch erschienen Roman „Kinjiki" (engl. Forbidden Colors) aufgreift. Schon in seinem ersten autobiographischen Roman „Geständnis einer Maske" (1945) kommen seine Leitmotive aufs Tapet: Todessehnsucht, Homosexualität, Körperkult mit Fixierung auf Brust- und Achselhaare. Seit den 1950ern veröffentlicht er zahlreiche Romane und Theaterstücke – nicht alle sind erfolgreich. Auch übernimmt er kleine Gangsterrollen in B-Movies. Erst später, in den 1960ern wird er politischer. In seinem Roman „Nach dem Bankett" durchleuchtet er die Verquickung eines Diplomaten in dubiose Geschäfte und Affären. Angeblich fungierte der ehemalige liberale Außenminister Arita als Blaupause. Im Sommer 1968 gründet er die Tatenokai. Hundert junge Männer schließen sich ihm an, verpflichten sich dem Bushido und führen ein Leben im Geiste traditioneller Samurais. Das Manifest des Samurai Yamamoto aus dem 17. Jahrhundert dient als Leitbild: *„Wisse, dass das Wesentliche des* bushido *das Sterben ist. Das bedeutet, dass ein Samurai vor der Wahl zwischen Leben und Tod immer den Tod wählt. So einfach ist das.*“[225]

Die Öffentlichkeit nimmt kaum Notiz von dieser todessehnsüchtigen Operettenarmee eines nostalgisch national verklärten Schriftstellers. Zumindest bis zum 25. November 1970.

Zurück im Büro des Generals. Mishima ist niedergeschmettert: *„Sie haben mich nicht einmal angehört.*“[226] Er zieht seine Uniformjacke aus, kniet zu Boden und zückt das Magoroku. Mit dem Kurzschwert sticht er sich in die linke Flanke und zieht die Klinge dann langsam Richtung Bauchnabel. Die Gedärme quellen heraus, Mishima röchelt. Er bittet seinen Komplizen und Geliebten Morita, ihn zu enthaupten. Doch Morita zeigt Nerven, dreimal haut er mit dem Samurai-Schwert zu, dreimal haut er daneben, trifft mal Schulter, mal Rücken, mal Hals. Kurzerhand übernimmt ein weiterer Milizionär das Kommando, enthauptet stilsicher zuerst Mishima, dann Morita. Fotos von Mishimas abgetrenntem Kopf, den immer noch ein Stirnband mit der aufgehenden Sonne ziert, gehen um die Welt.

Für Aufsehen in Deutschland sorgte Mishima zuletzt im Jahr 2000, als sein Bühnenstück „Mein Freund Hitler“ in Brandenburg zur deutschsprachigen Erstaufführung anstand. Ein schwülstiges Stück rund um den Röhm-Putsch von 1933, das eher den Männerbund denn Hitler verklärt. Doch der Skandal bleibt aus, das deutsche Regietheater lässt Mishima abermals Harakiri begehen, urteilt zumindest Henryk M. Broder in seiner SPIEGEL-Rezension[227].

Fr 30. November 1900 – Oscar Wilde

Der Ire Oscar Wilde ist der Dandy unter den Literaten. Er verfasste Dramen, Märchen und Romane und war vor allem wegen seiner geistreichen Aphorismen berüchtigt. Sein Roman „Das Leben des Dorian Gray" (1890) gilt als Meisterwerk der Dekadenz. 1895 kommt es in London zu einem skandalträchtigen Prozess, an dessen Ende Wilde wegen seiner Homosexualität zu zwei Jahren Zuchthaus verurteilt wird. Die Erlebnisse in der Haft hat er u.a. in der „Ballade zu Reading" (1898) wiedergegeben. Die letzten Jahre verbrachte der einstige Lebemann als gebrochener Autor in Paris.

---

* 16.10.1854 in Dublin, Irland
\+ 30.11.1900 in Paris, Frankreich
Begraben auf dem Père Lachaise in Paris, Frankreich

Der Tod des Sebastian Melmoth

Am Mittwoch, den 10. Oktober 1900, meldet sich Dr. Maurice a'Court Tucker, Arzt der britischen Botschaft, am Empfang des Hôtel d'Alsace. Bei ihm ist der auf Ohrenleiden spezialisierte Kollege Dr. Paul Kleiss. Nach etlichen vorausgegangenen Konsultationen haben sie sich zum operativen Eingriff entschlossen. Der Name des Patienten: Sebastian Melmoth. Hinter diesem Pseudonym verbirgt sich niemand geringeres als Oscar Wilde. Schon seit Jahren leidet der Schriftsteller unter Schmerzen und Taubheitsgefühlen. Ein Leiden, das während seiner zweijährigen Haft in Reading unbehandelt geblieben ist und sich anschließend verschlimmert hat. Nach seiner Entlassung aus dem Zuchthaus am 19. Mai 1897 ist der einstige Dandy und Ästhet ein *„körperliches Wrack am Ende seiner Nerven“*[228]. Seit dem aufsehenerregenden Prozess in London und seiner Verurteilung wegen „homosexueller Vergehen“ ist Wilde auf der Insel eine Persona non grata. In ganz Europa ist der Name Wilde mit einem Stigma behaftet. Seine Frau und seine zwei Kinder sind nach Deutschland emigriert und leben dort fortan unter dem mütterlichen Namen „Holland“. Wilde selbst wählt einen Namen aus einem Schauerroman seines Großonkels und taucht in Paris unter. Körperlich und finanziell ruiniert, quartiert er sich in einem schäbigen Hotel im Quartier Latin ein. Hier hat er zwei Zimmer, *„eines zum Schreiben und eines für die Schlaflosigkeit“*[229].

Seine ehemaligen Pariser Freunde wie André Gide und Marcel Proust meiden ihn. Das Verhältnis zu Lord Alfred „Bosie“ Douglas ist abgekühlt, nachdem dieser sich mit seinem Vater ausgesöhnt hat. War es doch gerade Bosie gewesen, der in seinem Hass auf den Vater Wilde zu dem für ihn so fatalen Prozess angestachelt hatte. Am Ende kann er sich nur noch auf zwei Menschen verlassen: auf seinen ehemaligen Geliebten Robert Ross und den Schriftsteller Reginald Turner.

„Gestern operiert. Komm so schnell wie möglich“[230], telegraphiert Wilde nach dem chirurgischen Eingriff an Robbie Ross. Dieser trifft am 15. Oktober, einen Tag vor Wildes 46. Geburtstag, in Paris ein und kümmert sich fortan um den Kranken. Gemeinsam speisen sie auf dem Hotelzimmer, trinken Champagner. Ende Oktober ist der Dichter soweit genesen, dass er das Bett verlassen und in den Bois de Boulogne ausfahren kann. Doch der Dandy ahnt, dass er noch im Jahr 1900 dahinscheiden wird, denn ein weiteres Jahrhundert Oscar Wilde würde das British Empire kaum überleben[231]. Während Ross Mitte November zu seiner in Nizza weilenden Mutter

gereist ist, hat sich bei Wilde erneut ein Abszess am Ohr gebildet. Turner besucht ihn nun täglich, doch sein Gesundheitszustand verschlechtert sich zusehends. Offenbar greift die Entzündung auf das Gehirn über. Ende November sendet Turner ein Telegramm an Ross: *„Almost hopeless."* – *„Ziemlich hoffnungslos."*[232] Jener nimmt den erstbesten Expresszug nach Paris. Als er am 28. November wieder in der Hauptstadt eintrifft, liegt Wilde bereits im Sterben. Die Ärzte geben ihm nur noch wenige Tage. Händeringend sucht Ross nun nach einem englischsprachigen Priester, damit Wilde konvertieren und die Sterbesakramente erhalten kann. Will der komatöse Wilde tatsächlich noch zum Katholizismus übertreten? Oder steht dahinter vielmehr der Wunsch des „guten Katholiken" Ross? Wie dem auch sei, in der Passionist Church in der Avenue Hoche wird Ross fündig. Der junge Pater Cuthbert, wissend um die Wankelmütigkeit der menschlichen Seele, folgt umgehend dem Notruf und macht sich auf den Weg ins Hôtel d'Alsace. In den Archiven der Passionist Church findet sich dazu folgender Eintrag:

„Am Donnerstag, den 29. November 1900, gegen 4 Uhr abends, wurde Pater Cuthbert an das Krankenbett des einst berühmten Oscar Wilde gerufen, um ihn in die Katholische Kirche aufzunehmen und die letzten Sterbesakramente zu erteilen. Er war unfähig zu sprechen, aber bemühte sich das Glaubensbekenntnis aufzusagen etc. Andeutungen und Anzeichen einer ernsthaften Konversion."[233]

Ross und Turner haben sich mittlerweile ebenfalls im Hôtel d'Alsace eingemietet und kümmern sich rund um die Uhr um den Sterbenden. Am Freitagmorgen, den 30. November um 5:30 Uhr, beginnt das Todesröcheln. Wildes Augen reagieren nicht mehr auf Licht. Gegen 13:00 Uhr wird das schmerzvolle Röcheln immer lauter, Blut und Schaum ergießen sich aus dem Mund. Um 10 Minuten vor zwei ist der Todeskampf zu Ende. Oscar Wilde, der Verfasser des Romans „Das Bildnis des Dorian Gray“ und der Autor so wunderbarer Komödien wie „Über die Wichtigkeit Ernst zu sein“, ist den Folgen einer Mittelohrentzündung erlegen. Ob der Meister des Bonmots am Ende tatsächlich noch zu jenen „famous last words“: *„Entweder die Tapete verschwindet oder ich.“* fähig gewesen ist, bleibt ebenso fraglich wie seine Last-Minute-Konversion zum Katholizismus. Die Hostie zumindest hatte er schon nicht mehr hinunter bekommen.

Nach dem Tod kümmert sich Ross um die lästigen Formalitäten. Dass Wilde unter dem Pseudonym Sebastian Melmoth gemeldet war, führt zu einigem Ärger mit den Behörden. *„In Paris zu sterben, ist für einen Ausländer mehr als schwierig und kostspielig“*[234], klagt Ross in einem Brief. Am 2. Dezember reist Bosie aus Schottland an und begleicht auch die Kosten für das Begräbnis dritter Klasse am folgenden Tag im südlich von Paris gelegenen Bagneux. Erst als Wildes Publikationen wieder Erträge abwerfen, organisiert Ross 1909 die Überführung der sterblichen Überreste auf den Pariser Père Lachaise. Über Wildes Grab wird die monumentale Skulptur einer männlichen Sphinx errichtet, für die ein unbekannter Spender 2.000 Pfund hat springen lassen. Doch wie Wildes Werk, so spaltet auch diese Skulptur von Jacob Epstein die Öffentlichkeit. Im Jahr 1961 schlagen unbekannte Täter der Sphinx die Hoden ab. Ob Vandalen, Feministen oder Moralisten dahinter stehen, bleibt unbekannt. Die Sphinx-Klöten dienen dem Leiter des Friedhofs fortan als Briefbeschwerer. Seit 2000 sind sie jedoch verschwunden.

Im Hôtel d’Alsace in der rue des Beaux-arts, das heute schlicht „L’Hôtel“ heißt, ist ein Zimmer in Gedenken an den einstigen Gast eingerichtet. An der Tapete hängen die unzähligen unbeglichenen Rechnungen des Oscar Wilde.

Do 15. Dezember 1966 – Walt Disney

Walt Disney ist der Pionier des Animationsfilms. Mit dem Auftritt von Micky Maus im Jahr 1928 legte er den Grundstein für einen der größten Unterhaltungskonzerne der Welt. Schnell folgten weitere Figuren wie Donald Duck, aber Disney griff auch auf traditionelle Märchenfiguren zurück. Für seine Version von „Schneewittchen und die sieben Zwerge“ wurde er 1939 mit dem Ehren-Oscar ausgezeichnet. Und der erste Disney-Park öffnete bereits 1955 seine Tore.

---

* 05.12.1901 in Chicago, USA

\+ 15.12.1966 in Burbank, USA

Begraben auf dem Forest Lawn Cemetery von Glendale, USA

Schockgefroren unter Piraten?

Im Gegensatz zu Angelsachsen und Franzosen tun wir Deutsche uns schwer damit, Comics der Kultur zuzurechnen. Doch Fakt ist: Zumindest unter jungen Lesern füllen „Disneys Lustige Taschenbücher“ zuweilen ganze Regalreihen. Und auch auf Klobibliotheken diverser Studenten-WGs findet sich noch so manches Exemplar wieder. Zwar hat sich Disney auch klassischer Märchenstoffe bedient – so animierte er z.B. „Die kleine Meerjungfrau“ von Christian Andersen oder „Schneewittchen und die sieben Zwerge“ der Gebrüder Grimm –, doch ist die von ihm erschaffene Welt von Micky Maus und Donald Duck eine ideale. Tod und Sexualität sind verbannt, Gewalt und Realismus gibt es nur in homöopathischen Dosen. Wer darauf hofft, Tick, Trick und Track einmal beim Rauchen eines Joints zu erwischen, oder wer erleben möchte, wie Donald als Alki zur Flasche greift oder wie sich Micky durch einen Puff vögelt, wird enttäuscht. Wie in der Commedia dell'arte spielen die Figuren akribisch die ihnen zugedachten Rollen: Donald bleibt der ewige Loser, Dagobert der stinkreiche Geizkragen und die Panzerknacker die Bösen, die wieder einmal vergeblich an die Moneten wollen. Auffallend – und in diesem Sinne typisch amerikanisch – ist der durchgängig pekuniäre Bezug. Wie im Leben so vieler US-Amerikaner dreht sich bei Donald „Buck" alles darum, wie er den nächsten Taler, sprich Dollar machen kann. Zumindest für Walt Disney hat sich seine fabelhafte Comicwelt ausgezahlt. Als im Jahr 1928 zum ersten Mal Micky Maus über die Leinwand flimmert, hat er damit den Grundstein für ein milliardenschweres Imperium gelegt. Doch anders als seine Comichelden ist Walt Disney alles andere als ein Saubermann. Wiederholt sieht er sich Vorwürfen ausgesetzt, er sei Antisemit und Nazi-Sympathisant. Besonders umstritten ist seine Rolle in Hollywood in Zeiten des Kalten Krieges. Kongressmitglieder vermuteten, die Filmstudios seien von Kommunisten unterwandert. Der extreme Anti-Kommunist Disney sagte 1947 freiwillig vor dem Untersuchungsausschuss aus und bezichtigte mehrere namhafte Trickfilmzeichner, dem Kommunismus anzuhängen. Die Beschuldigten kamen auf eine Schwarze Liste, wurden verhört, überwacht oder inhaftiert. Auch während der „Hexenjagd" auf Kommunisten unter US-Senator McCarthy in den 1950er Jahren soll er das FBI mit Informationen versorgt haben.

Wenig bekannt ist ebenfalls die Tatsache, dass Disney sein Leben lang Kettenraucher war. Die Veröffentlichungen von Fotografien, die ihn mit einem Glimmstängel zeigen, hat er untersagt. Auch vor Kindern hat er niemals geraucht. Doch trotz aller Heimlichtuerei ereilt ihn dasselbe Schicksal, das später auch dem Marlboro-Cowboy beschieden ist. Als er sich am 2. November 1966 wegen anhaltender Nacken- und Beinschmerzen in das St. Joseph Hospital von Hollywood begibt, entdecken die Ärzte bei Röntgenaufnahmen verdächtige Punkte auf der linken Lunge. Eine anschließende Biopsie bestätigt den ersten Verdacht: Ein bösartiger Tumor hat den ganzen Lungenflügel befallen. Am 11. November entfernen Chirurgen das Organ und beginnen anschließend mit einer Kobalt-Therapie. Am 30. November kollabiert Disney in seinem Haus, wird von Rettungskräften reanimiert und erneut ins St. Joseph Hospital gebracht. Die Ärzte, die ihm kurz zuvor noch ein halbes bis zwei Jahre zu leben eingeräumt hatten, lagen falsch mit ihrer Prognose. Walt Disney verstirbt am 15. Dezember 1966 um 9:30 Uhr nach einem Kreislaufkollaps aufgrund seiner Krebserkrankung.

Doch die eigentlich spannende Frage lautet: Ist Walt Disney für immer tot? Schon kurz nach seinem Ableben kursieren erste Gerüchte, der Cartoon-Star habe sich bei minus 160° Celsius in flüssigem Stickstoff konservieren lassen. Der Körper könne so Jahrzehnte unbeschadet überdauern und später, wenn die Medizin neue Therapien bereithält, wieder aufgetaut werden. Für das Auftauchen dieser Gerüchte gibt es zwei Gründe: Zum einen fand Disneys Beisetzung unter Ausschluss der Öffentlichkeit statt. Es gibt keine Fotos und kaum Zeugen. Zum anderen war Walt Disney zu Lebzeiten begeisterter Anhänger der „Kryonik". Mit dieser neuartigen Methode der Konservierung hoffen viele Kranke und Prominente, dem Tod ein Schnippchen schlagen zu können. Und Science-Fiction-Fans träumen sogar von Weltraumexpeditionen zu weitentlegenen Galaxien mittels schockgefrorener Astronauten. Keine Frage: Disney verfügte nicht nur über entsprechende Fantasie, sondern auch über die finanziellen Mittel für eine Kryokonservierung. Während die Angehörigen nach wie vor felsenfest behaupten, Disney sei eingeäschert und auf dem Forest Lawn Cemetery von Glendale beigesetzt worden, gibt es nicht wenige, die den Erfinder von Donald Duck und Micky Maus schockgefroren im Disneyland wähnen. Auch den geheimen Ort wollen sie genau kennen: unter dem „Caribean Pirate Ride“.

Während hart gesottene Disney-Fans auf die Rückkehr ihres Idols warten, empfehlen wir derweil einen Blick in die Werke des Urgroßvaters des Comicstrips: Wilhelm Busch. Hier wandeln sich Kinderzimmer in Schlachtfelder, hier wird gemetzelt und gemeuchelt – und hier wird nicht nur ganz öffentlich Pfeife geraucht, sondern der Besitzer mitsamt Pfeife auch noch sogleich in die Luft gesprengt. Da bleibt nicht mehr viel übrig, was es zu konservieren gäbe. Einfach herrlich!

Sa 21. Dezember 1935 – Kurt Tucholsky

Für Erich Kästner war er der ***„kleine dicke Berliner, der mit der Schreibmaschine eine Katastrophe aufhalten wollte"***[235]**. Tucholskys Spottlust war legendär. Er schrieb Romane, Artikel, Chansons und Essays. Vor allem die Zeitschrift „Die Weltbühne" war seine Plattform für seine anti-militaristischen und anti-nationalsozialistischen Attacken. Bereits 1929 emigrierte er nach Schweden. Die Vorsicht war berechtigt, denn 1933 entzogen ihm die Nazis die deutsche Staatsbürgerschaft und seine Bücher wurden verbrannt.**

---

* 09.01.1890 in Berlin
\+ 21.12.1935 in Göteborg, Schweden
Begraben auf dem Friedhof von Mariefred, Schweden

„Wenn tot, werde ich mich melden"[236]

„Dieses Mal kann ich das Maul nicht halten", schreibt Kurt Tucholsky am 17. Dezember 1935 an seine schweizerische Freundin Hedwig Müller, er werde *„zuschlagen, daß die Funken stieben"*[237]. Ins Visier des sprachmächtigen Satirikers ist der norwegische Autor und Nobelpreisträger Knut Hamsun geraten. Dieser bekundet nicht nur offen Sympathie für die Nazis, sondern bezichtigt Friedensnobelpreisträger Carl von Ossietzky, ein Landesverräter zu sein. Für Tucholsky ein Unding. Gleich zwei Zeitungen bietet er kurz vor seinem Tod noch einen polemischen Artikel zu Hamsun an. Hier läuft der messerscharfe Spötter und hellsichtigste Analytiker sei-

ner Zeit ein letztes Mal zu Hochform auf. Früh schon sieht er den Krieg aufziehen, und er ist entsetzt darüber, wie die europäischen Staaten tatenlos den Aufstieg der Nazis hinnehmen. Doch herrschen zuletzt zwei Seelen in seiner Brust. Eine tiefe Resignation macht sich ebenfalls in seinen letzten Briefen breit: *„Ich will nicht mehr ... es betrifft mich nicht mehr ... ich habe das bis zum Sterben satt.“*[238]

Seit Monaten leidet Kurt Tucholsky an einer Magenerkrankung. Nach seiner Entlassung aus dem Krankenhaus am 4. November 1935 ist er auf die Einnahme starker Schmerzmittel angewiesen. Nur mit Veronal und Alkohol betäubt gelingt ihm das Einschlafen. Anfang Dezember ändert er sein Testament. Sieht er sein Ende nahen?

Schon im Jahr 1929 ist Tucholsky nach Schweden übergesiedelt. Hier lebt er fortan in seiner Villa „Nedsjölund“ in Hindås. Doch nach Hitlers Machtergreifung 1933 verstummt der politische Autor. So schreibt „Tucho“ am 11. April 1933, dem Jahr seiner Zwangsausbürgerung aus Deutschland, an Walter Hasenclever: *„Daß unsere Welt in Deutschland zu existieren aufgehört hat, brauche ich Ihnen wohl nicht zu sagen. Und daher: Werde ich erst amal das Maul halten. Gegen einen Ozean pfeift man nicht an.“*[239]

Am Mittwoch, den 18. Dezember 1935, bummelt Tucholsky mit seiner Bekannten Gertrude Meyer noch über den Weihnachtsmarkt. Gertrude Meyer ist es auch, die den Dichter zwei Tage später im Koma liegend in seiner Villa auffindet. Noch am selben Tag wird der Autor ins Sahlgrenska Krankenhaus von Göteborg eingeliefert, wo er am folgenden Tag um 21:55 Uhr verstirbt. Im Obduktionsbericht steht zur Todesursache der Vermerk: *„Intoxicatio? (Veronal?)“*[240]. Hat sich Tucholsky mit einer Überdosis Veronal das Leben genommen? Oder hat er aus Versehen die doppelte Dosis geschluckt infolge eines *„Tablettenautomatismus“*[241], wie sein Biograph Michael Hepp mutmaßt?

Beides scheint möglich. Doch bieten die Fragezeichen im Autopsiebericht Raum für weitere Spekulationen. Während das Magenleiden gut dokumentiert ist, findet sich für einen kleinen Einstich am Oberarm keine Erklärung. Wurde Kurt Tucholsky womöglich von den Nazis mittels einer Giftspritze ermordet?

Die Nazis kannten nicht nur Tucholskys Aufenthaltsort, auch wohnte in unmittelbarer Nachbarschaft ein ehemaliger IG Farben-Funktionär mit regelmäßigen Kontakten zum NS-Regime. Tucholsky fühlte sich überwacht und besaß daher einen Colt-Revolver. Zudem hatte er sich Propagandaminister Joseph Goebbels mit seinem Spott-Gedicht „Joebbels", erschienen 1931 in der „Weltbühne", zum Intimfeind gemacht. Hier ein kurzer Auszug:

„In Sportpalast sowie in deine Presse,
da haste eine mächtich jroße Fresse.
Riskierst du wat? – De Schnauze vornean.
Josef, du bist ‚n kleener Mann."[242]

Wurde der Dichter tatsächlich im Auftrag von Goebbels von einer obskuren Nazi-Feme um die Ecke gebracht? Abgesehen von der Stichverletzung am Oberarm fehlen stichhaltige Beweise. Nach seinem Ableben wird Kurt Tucholsky eingeäschert. Erst ein halbes Jahr später, am 31. Juli 1936, erfolgt die Beisetzung der Urne auf dem Friedhof Mariefred unter einer Eiche.

Anfang der 1980er Jahre bringt Kurt Tucholsky die Republik erneut in Wallung. *„Soldaten sind Mörder"*[243] – mit diesen Spruchbändern ziehen Friedensaktivisten demonstrierend durch die Städte. Schon 1932 wurde Ossietzky als verantwortlicher Redakteur der „Weltbühne" nach Veröffentlichung des Tucholsky-Spruchs wegen „Beleidigung der Reichswehr" angeklagt. Nicht anders ergeht es den Friedenaktivisten in der

Bundesrepublik ein halbes Jahrhundert später. Hitzige Debatten spalten die Gesellschaft, Aktivisten werden abgeurteilt. Am Ende muss mehrfach das Bundesverfassungsgericht entscheiden. Die Urteile fallen meist zugunsten der Meinungsfreiheit aus. Doch die Debatte „Meinungsfreiheit versus Ehrenschutz der Soldaten" flammt von Zeit zu Zeit immer wieder auf. Pazifist und Waffenbesitzer Tucholsky hätte seine helle Freude daran.

Fr 27. Dezember 1991 – Hervé Guibert

Der französische Journalist, Fotograf und Autor Guibert ist einer der ersten, die sich Anfang der 1980er Jahre mit dem HI-Virus infizierten und an AIDS erkrankten. Der Kampf gegen das Virus steht im Zentrum seiner Werke. Tabulos dokumentierte er minutiös seinen langjährigen Verfall und Leidensweg. Sein Roman „Der Freund, der mir das Leben nicht gerettet hat" (1990) entfachte einen Skandal, da er darin Michel Foucault, einen der Säulenheiligen der französischen Intellektuellen, als AIDS-Opfer outet.

---

* 14.12.1955 in St. Cloud bei Paris, Frankreich
\+ 27.12.1991 Clamart bei Paris, Frankreich
Begraben in Santa Catarina auf der Insel Elba, Italien

Intensivstation Leben

Es ist eine Filmszene: Der 35-jährige Hervé Guibert träufelt mit einer Pipette eine Überdosis Digitalin (ein aus dem Fingerhut gewonnenes Herzglykosid) in ein Wasserglas. Daneben steht ein zweites Wasserglas. Er verschließt die Augen und verschiebt beide Gläser wie ein Hütchenspieler hin und her. Anschließend greift er scheinbar wahllos nach einem Glas, trinkt und wartet, mit über den Kopf verschränkten Armen, auf den Tod. Mit diesem inszenierten Selbstmord endet der Film „La Pudeur et l'Impudeur" (dt. Scham und Schamlosigkeit) des an AIDS erkrankten Schriftstellers und Fotografen. Der Dokumentarfilm zeigt den Alltag eines *„lebenden*

Leichnams“[244]: Guibert bei der Blutabnahme, bei der Gymnastik, im Kreis seiner 90-jährigen Großtanten. Auch sein nackter, zerfallener Körper ist immer wieder im Bild. Ein Jahr nach der scheinbar missglückten Generalprobe ist das Glas mit der Überdosis Digitalin nicht mehr heimlich markiert. In der Nacht vom 12. auf den 13. Dezember 1991, am Vorabend seines 36. Geburtstages, begeht der fast gänzlich erblindete und auf 50 Kilogramm abgemagerte Hervé Guibert in seiner Wohnung im Großraum von Paris einen Suizidversuch. Doch gelingt den Ärzten des Hôpital Antoine-Béclère die Reanimation. Der *„lebende Leichnam“* wird bis auf Weiteres auf der Intensivstation am Leben gehalten.

Hervé Guibert ist homosexuell und einer der ersten, die sich Anfang der 1980er Jahre mit dem HI-Virus infiziert haben. Als bei ihm im Jahr 1988 AIDS ausbricht, bedeutet dies für ihn das Todesurteil – wirksame Therapien gibt es noch keine. Guibert wird fortan zum Chronisten, zum „HIV-positiv-Star“ der Literaturszene. Schlagartig berühmt wird er mit seinem Roman „Der Freund, der mir das Leben nicht gerettet hat“ (1990). Offen schreibt er über seine Erkrankung, über den Freund und Pharmareferenten, der ihm das neuartige, angebliche Wundermedikament vorenthält. Zum Skandal wird das Buch jedoch durch das AIDS-Outing des Philosophen und Soziologen Michel Foucault. Offiziell verstarb der Intellektuelle, dessen mehrteiliges Hauptwerk ausgerechnet den Titel „Sexualität und Wahrheit“ trägt, an Krebs. Guibert, der mit Foucault befreundet war und ihm beim Sterben begleitet hatte, macht Schluss mit der Heimlichtuerei. Er schildert nicht nur Muzils (alias Foucaults) AIDS-Tod im Jahr 1984, sondern offenbart auch Intimes aus dessen Sexualleben:

„Muzil liebte die hemmungslosen Sauna-Orgien. Aus Furcht erkannt zu werden, mied er die Pariser Saunen. Aber wenn er wegen seiner jährlichen Vorlesungen nach San Francisco kam, besuchte er nach Herzenslust die Gay-Saunen der Stadt, die

heute wegen der Epidemie leer stehen und in Supermärkte oder Parkplätze umgewandelt werden.“[245]

Minutiös berichtet Guibert weiter über Foucaults SM-Vorliebe, über sein Lederoutfit, über anale Dildospiele. Die Öffentlichkeit ist entsetzt über diesen Voyeurismus. „Sexualität und Wahrheit“ wird jedoch zum Programm von Guibert: *„Tout dire – Alles sagen“*. Schreiben, Sexualität und Krankheit verschmelzen. Er seziert seinen Körper, seine Begierden, sein Absterben bis ins Obszöne.

„Ich würde mich an dies vom Fleisch gefallene Gesicht gewöhnen müssen, welches der Spiegel mir jedesmal zeigte, als gehöre es nicht länger zu mir, sondern schon zu meiner Leiche, und es würde mir gelingen müssen, Gipfel oder Durchbrechung des Narzissmus, es zu lieben.“[246]

Zuletzt lebt Guibert, der unzählige Affären hatte, in einer ménage à trois. Sein langjähriger Freund Thierry ist bisexuell und ebenso HIV-positiv. Im Jahr 1989 heiratet Guibert Thierrys Lebensgefährtin Christine. Gemeinsam bilden die drei eine Virus-Schicksalsgemeinschaft. Dieser setzt er in seinem „Mausoleum der Liebenden“ ein literarisch-dokumentarisches Denkmal. Guibert bedient sich dabei der ganzen Klaviatur seiner „Leiden“-schaft: Liebe, Hass, Eifersucht – das sind die Fundamente seiner Beziehung zu Thierry. Mal empfindet er *„seine körperliche Wärme nach dem Geschlechtsverkehr als Balsam“*, kurz danach ergießt er sich in Gewaltfantasien, möchte ihm am liebsten *„mit einer Schere den Brustkorb zerhauen“*[247].

Das „Mausoleum der Liebenden“ endet mit einer berührenden Szene aus dem Krankenhaus:

„T. saß auf meinem Bett und weinte in meinen Armen. Das war schlimmer als die Atemnot rund ums Herz, nachdem man mir eine Spritze in den Lungenflügel verpasst hatte.“[248]

Am 27. Dezember 1991 stirbt Hervé Guibert an den Folgen seiner Immunschwäche im Hôpital Claude-Bernard, dem auf die AIDS-Behandlung spezialisierten „Hospital des Todes". Erst zehn Jahre später, im Jahr 2001, wird sein undatiertes Tagebuch „Mausoleum der Liebenden" veröffentlicht. So hatte er es verfügt. Und auch sein zweiter Wunsch wird erfüllt: Begraben wurde er auf seiner Lieblingsinsel Elba. Sein Freund Thierry ist zwei Monate nach Guibert ebenfalls an AIDS verstorben.

Di 28. Dezember 1925 – Sergej Jessenin

Dorfproll und Nationaldichter – beides zugleich war der russische Bauernsohn Jessenin. Im Leben war er Krawallbruder und Weiberheld, als Lyriker offenbarte er in seinen volkstümlichen Gedichten die Kluft zwischen Tradition und Moderne. In seiner Naturlyrik spiegelt sich die russische Seele – und Jessenin zählt neben Majakowski zu den bedeutendsten und beliebtesten russischen Lyrikern des 20. Jahrhunderts.

---

* 03.10.1895 in Konstantinowo, Russland

+ 28.12.1925 in St. Petersburg, Russland

Begraben auf dem Waganskowskoje Friedhof in Moskau, Russland

Tod eines Hooligans

So rustikal wie sein Leben, so rustikal sein Abgang. Am 25. Dezember 1925 bezieht Jessenin das Zimmer Nr. 5 im Hotel Angleterre. Erst wenige Tage zuvor ist er aus der psychiatrischen Anstalt entlassen worden. Kurzerhand leerte er sein Konto, löste eine Bahnkarte nach Leningrad, dem heutigen St. Petersburg. Die erste Nacht durchzechte er in einer Schriftstellerbar, beleidigte die Gäste, schmiss mit Möbeln und Gläsern um sich und wurde schließlich aus dem Lokal geworfen. Am Abend des 28. Dezembers 1925 sitzt Sergej Jessenin lange Zeit allein in der Hotellobby. Er leidet infolge seiner Trunksucht an Halluzinationen und Verfolgungswahn. Die Behandlung in der Psychiatrie hatte keine Besserung gebracht. Hier gestrandet, fürchtet er nun die Einsamkeit des Hotelzimmers. Draußen schneit es ein wenig. Er trinkt Wein, ist depressiv und blickt zurück auf sein scheinbar sinnloses Leben. Erst im vergangenen Oktober ist er 30 Jahre alt geworden. Noch im selben Monat heiratete er in vierter Ehe Sofia Tolstaja, eine Enkelin des berühmten Nationaldichters Leo Tolstoi. Doch schon im November lässt die junge Gattin den Lyriker in eine geschlossene Anstalt einweisen, als seine Halluzinationen und Wahnvorstellungen immer heftiger wurden. Warum er am 21. Dezember 1925 entlassen wurde, ist unklar.

Sergej Jessenin, der gebürtige Bauernsohn aus der Region Rjasan, erfüllt stilsicher alle russischen Klischees: eine Hand immer an der Wodkaflasche, etliche Weibergeschichten und Schlägereien zuhauf. So ist auch seine Lyrik weniger filigran als volkstümlich schlicht: „*So wie ein Baum sein Laub fallen lässt/lasse ich traurige Worte fallen.*“[249] Seine Landsleute verehren ihn als „Dorfpoet“, er selbst bezeichnet sich als „Hooligan“.

Zurück ins Hotel Angleterre in St. Petersburg. Gegen 22:00 Uhr begibt sich Jessenin auf sein Zimmer. Hier ereignet sich nun das Drama. In der Nacht schneidet er sich die Pulsadern auf und schreibt mit dem eigenen Blut noch ein letztes Gedicht an die Wand, bevor er sich an den Heizungsrohren erhängt:

Freund, leb wohl. Mein Freund, auf Wiedersehen.
Unverlorner, ich vergesse nichts.
Vorbestimmt, so wars, du weißt, dies Gehen.
Da's so war: ein Wiedersehn versprichts.

Hand und Wort? Nein, lass – wozu noch reden?
Gräm dich nicht und werd mir nicht so fahl.
Sterben –, nun, ich weiß, das hat es schon gegeben;
doch: auch Leben gabs ja schon einmal.
(Deutsch von Paul Celan)[250]

Die Nachricht vom kruden Selbstmord schlägt ein wie eine Bombe. Schon tags darauf vermelden Zeitungen nicht nur den Tod, sondern drucken auch das in Blut geschriebene Gedicht und Fotos des Leichnams ab. Laut Obduktionsbericht trat der Erstickungstod zwischen 4:00 Uhr und 4:30 Uhr am frühen Morgen des 28. Dezembers 1925 ein. Sieben Stunden später wird er aufgefunden, die Hände vor Brust und Gesicht verkrampft. Nachdem der Tote abgehangen wurde, liegt der Leichnam für einige Zeit zwischen etlichen Koffern auf dem verschmutzten und mit Zigarettenstummeln übersäten Boden, bevor er auf ein geblümtes Sofa gelegt und abgelichtet wird. Noch am selben Tag erfolgt im Obuchow-Krankenhaus die Autopsie. Anschließend wird der tote Dichter in einem Saal des Allrussischen Schriftstellerverbands aufgebahrt. Zahlreiche Trauergäste finden sich ein, auch seine Frau Sofia ist aus Moskau angereist.

„Sein Leben wie sein Tod sind ein großartiges Kunstwerk, ein Roman, den das Leben selbst geschaffen hat und der, wie man es besser gar nicht könnte, die Tragödie der Beziehungen zwischen Stadt und Dorf charakterisiert“[251], urteilt der Schriftstellerkollege Maxim Gorki.

Schon am 30. Dezember wird Jessenins Leichnam nach Moskau überführt. Bei beinahe frühlingshaften Temperaturen wird er nach einem Trauerzug durch die Stadt, an dem mehrere tausend Trauergäste teilnehmen, auf dem Waganskowskoje-Friedhof beigesetzt. Ein Jahr später ereignet sich an seinem Grab erneut ein Drama: Galina Benislawskaja, mit der Jessenin gleich zweimal liiert gewesen war und die zeitweise als seine Sekretärin gearbeitet hatte, begeht hier Selbstmord.

Jessenins Sohn Juri bezweifelte hingegen später den Freitod. Er behauptete, sein Vater sei von der GPU (dem Vorläufer des KGB) ermordet worden. Die Obrigkeit sei seit Monaten über die Eskapaden des stets alkoholisierten Dichters besorgt gewesen. Da viele Landsleute die Vermutung teilten und die

Gerüchte nicht abreißen wollten, wurde 70 Jahre nach Jessenins Tod in Moskau schließlich eine Kommission gebildet, um den Fall abermals zu untersuchen. Forscher und Spezialisten verschiedener gerichtsmedizinischer Institute prüften alle vorhandenen Details, Expertisen wurden eingeholt, KGB-Akten gesichtet und sogar eine Totenmaske abgenommen. Am 27. Mai 1993 lag dann der Abschlussbericht vor: Es war ohne jeden Zweifel Selbstmord.

Sa 30. Dezember 1995 – Heiner Müller

Heiner Müller galt nach Brechts Tod in der DDR als der „größte, lebende Dramatiker", was ihm den verkürzten Spitznamen „Gröledra" einbrachte. Wie kein anderer bediente er sich hemmungslos aus dem Fundus der Weltliteratur, griff zurück auf Seghers, Brecht, Kleist, Choderlos de Laclos und immer wieder auf Shakespeare. Für ihn waren Texte Material, das er zertrümmerte und anschließend montageartig neu verdichtete. So entstanden seine Stücke wie „Die Hamletmaschine" (1977), „Der Auftrag" (1979) oder „Quartett" (1980).

* 09.01.1929 in Eppendorf
\+ 30.12.1995 Berlin
Begraben auf dem Dorotheenstädtischen Friedhof von Berlin

„Kommt Zeit, kommt Tod"

„Etwas frisst an mir/Ich rauche zuviel/Ich trinke zuviel/Ich sterbe zu langsam"[252], notiert Heiner Müller 1981 während einer Auslandsreise in Paris. Eine Dekade später ist es jedoch nicht mehr die Zahnfäule, die an ihm nagt, sondern der Krebs. Wegen eines Ösophaguskarzinoms wird Müller bei einer OP in der renommierten Münchener Klinik Rechts der Isar Ende 1994 die Speiseröhre entfernt. Kurz darauf führt er schon wieder eines jener legendären TV-Interviews mit Alexander Kluge. Er spricht leise, flüstert, krächzt:

„Interessant war eigentlich für mich auf der Intensivstation, dass ich im Kopf geschrieben habe, auch Sachen notiert. Auch

bei bestimmten Eingriffen, die immer wieder kommen und Schmerzen verursachen, habe ich immer wieder versucht, mich an eigenen Texten festzuhalten gegen die Schmerzen. Das geht aber eigentlich nur mit ganz dichten Texten, lyrischen.“[253]

Vor dem Fall der Mauer hat Müller sich mit dem DDR-Regime arrangiert, versteht es geschickt, sich einer Vereinnahmung durch die Einheitspartei zu entziehen. Der Autor ist für die Parteiführung unbequem, aber zugleich ein Aushängeschild für ihren Sozialismus. Da seine Stücke häufig im Westen gespielt werden, kann er immer wieder ins Ausland reisen. An Republikflucht denkt Müller nicht. Vielmehr hofft er nach der Maueröffnung auf Reformen innerhalb der DDR. Doch zu seinem Verdruss will das Volk den Zusammenschluss mit der BRD. Für ihn ist die Wiedervereinigung eine „*Widervereinigung*“[254], der Mauerfall ein „Krieg ohne Schlacht“[255], an deren Ende es dies- und jenseits des Eisernen Vorhangs nur Besiegte gibt. Müller wandelt sich mehr und mehr zu dem, was er vielleicht im Grunde schon immer gewesen ist: zu einem sozialistischen Zyniker. Doch nach dem Untergang der DDR 1990 fehlt ihm der Stoff, leidet er unter einer Schreibblockade, die er letztlich auch für seine Erkrankung verantwortlich macht:

„Ein Grund für den Ausbruch dieser Krankheit ist, dass ich seit Jahren keine Möglichkeit gesehen habe, ein Stück zu schreiben. Das ist für mich einfach eine Lebensfunktion, Stücke zu schreiben, und wenn das aussetzt, dann fehlt irgendetwas.“[256]

Jetzt, wo sein „Rendezvous mit dem Tod“ bevorsteht, ist die Schreibblockade gelöst. Jetzt ist es – neben der Fürsorge für seine zweijährige Tochter – das Schreiben, das ihn am Leben hält.

„im spiegel mein zerschnittener koerper
in der mitte geteilt von der operation
die mein leben gerettet hat wozu
fuer ein kind eine frau ein spaetwerk“[257]

Nach einem Rekonvaleszenz-Aufenthalt in Kalifornien stürzt sich Heiner Müller Ende März 1995 in die Arbeit. Als Intendant des Berliner Ensembles plant er die Spielzeit, er bestreitet etliche TV-Interviews mit Alexander Kluge, hält die Laudatio auf den Büchner-Preisträger Durs Grünbein und arbeitet an seinem Spätwerk: „Germania 3 – Gespenster am toten Mann". *„Nebenbei hat er noch tapfer sechstausend Brechtzigarren inhaliert und ganze Whiskyteiche in sein sterbendes Fleisch geschüttet"*, so Wolf Biermann[258].

Ende des Jahres muss sich Müller in München erneut einer Chemotherapie unterziehen. Obwohl von einer Grippe geschwächt, wird er am 22. Dezember 1995 aus der Klinik entlassen. Müller möchte Weihnachten zu Hause in Berlin bei seiner Frau und seiner Tochter verbringen. Am 29. Dezember findet in seiner Wohnung noch ein Treffen der BE-Leitung satt. Einar Schleef ist krank, für die ausgefallene Puntila-Premiere muss ein neuer Termin gefunden werden. Nach Zigarre und Whisky ist Müller nicht mehr zumute. Sehnsüchtig wartet er abends auf den Arzt, der ihm das Morphium spritzt. Am 30. Dezember klagt Müller gegen Mittag über ständigen Brechreiz. Der Notarzt diagnostiziert eine Lungenentzündung und veranlasst die sofortige Einweisung in das Rudolf-Virchow-Krankenhaus. Dort stirbt Müller eine Stunde später an Herzversagen.

Nach Bekanntgabe seines Todes wandelt sich das BE am Schiffbauerdamm zur Wallfahrtsstätte. Eine ganze Woche lang lesen Schauspieler und Kollegen die Texte von Heiner Müller. Auch seine Beerdigung auf dem Dorotheenstädtischen Friedhof am 16. Januar 1996 gleicht mit 3.000 Gästen einem Staatsakt. Sein Spätwerk „Germania 3", das er kurz vor seinem Tod noch fertiggestellt hat, kommt posthum Ende Mai 1996 zur Uraufführung.

Mit den Jahren ist es stiller geworden um Heiner Müller. Die dichten, teilweise traktatähnlichen Texte des einstigen

„Gröledras“ füllen kaum mehr die Theatersäle der Republik. Dafür aber die Hörsäle der germanistischen Seminare an den Universitäten.

Endnoten

1 SPIEGEL SPECIAL 4/2003.

2 Alexander Kupfer: Göttliche Gifte. 2002. S. 184.

3 Michaela Kopp-Marx: Zwischen Petrarca und Madonna. Der Roman der Postmoderne. 2005. S. 93.

4 Ernest Jones: Das Leben und Werk von Sigmund Freud. 1960-62, Bd. 1. S. 109.

5 Arnaud Labelle-Rojoux: Leçons de scandale. 2000. S. 105. [Dt. von MS]

6 Der gesamte Text findet sich auf gutenberg.spiegel.de

7 Quelle: zitate.net

8 Kurt Tucholsky: Die Literarische Welt vom 15.04.1927. Nr. 15. S. 3.

9 Albert Camus: Der Mythos des Sisyphos. 2006. S. 22.

10 LE FIGARO vom 08.08.2011. [Dt. von MS]

11 FAZ vom 18.10.2003.

12 Thomas Anz: Georg Heyms Gewalt- und Vernichtungsfantasien. Quelle: literaturkritik.de, Nr.1 vom Januar 2012.

13 Gunnar Decker: Georg Heym „Ich, ein zerrissenes Meer“. Ein biographischer Essay. 2011. S. 11.

14 SPIEGEL 23/1960.

15 Georg Heym. Der Städte Schultern Knacken. Bilder – Texte – Dokumente. Hg. von Paul Raabe. 1987. S. 46.

16 SPIEGEL 23/1960.

17 Quelle: le-lampadaire.fr/10-2 [Dt. von MS]

18 Ebd.

19 DIE ZEIT, 35/1954.

20 Manfred Krüger: Gérard de Nerval und die Idee der Wiederverkörperung. In: Der Europäer. Nr. 7. 2008.

21 Jean Guillaume: Philologie et exégèse: trente-cinq années d'études nervaliennes. 1963. S. 109. [Dt. von MS]

22 Thomas Mann: Die Entstehung des Doktor Faustus. Roman eines Romans. In: Gesammelte Werke. Bd. 11. S. 237.

23 Hans Bankl: Viele Wege führten in die Ewigkeit. 1990. S. 288.

24 Peter A. Schoenborn: Adalbert Stifter: Sein Leben und Werk. 1992. S. 550.

25 Bankl, aaO, S. 288.

26 Schoenborn, aaO, S. 555.

27 Bankl, aaO, S. 285.

28 Ebd.

29 Bankl, aaO, S. 286.

30 Quelle: www.russlandjournal.de

31 Rainer Traub: Tod eines Dichters. In: SPIEGEL-SPECIAL 10/1997.

32 Ebd.

33 Ebd.

34 Rainer Schmitz: Was geschah mit Schillers Schädel? 2008. S. 282.

35 Yolanda Delgado: Puschkin und Lermontow. Ehre oder Tod. Quelle: de.rbth.com

36 SPIEGEL 21/1963.

37 Jürgen Manthey: Hans Fallada. 1993. S. 159.

38 Werner Liersch: Kleiner Mann – wohin? In: Berliner Zeitung vom 03.02.2007.

39 Bernd F.W. Springer: Ist Widerstand gegen eine Diktatur eine moralische Pflicht? Über-Leben und Sterben in Hans Falladas Roman: Jeder stirbt für sich allein. In: Revista de Filología Alemana. 2012. Vol. 20. S. 86.

40 Martina Meißner: Die Verurteilung von Hans Fallada. Quelle: wdr.de [ZeitZeichen vom 26.03.2016]

41 Springer, aaO, S. 84.

42 SPIEGEL 21/1963.

43 Liersch, aaO.

44 Dies vermutet Ted Hughes' Biograph Jonathan Bates. [Jonathan Bates. Sylvia Plath's suicide note – did it name a final lover? In: THE GUARDIAN vom 1.10.2015]

45 Fabienne Hurst: „Wie die junge Frau auf einer Kochreklame". Quelle: SPIEGEL ONLINE vom 11.02.2013.

46 Schmitz, aaO, S. 469.

47 Hurst, aaO.

48 Quelle: www.glanzundelend.de

49 Claus Peymann im Interview mit Susanne Schneider. In: SÜDDEUTSCHE MAGAZIN vom 20.10.2016

50 Joachim Hoell: Thomas Bernhard. 2000. S. 144.

51 SPIEGEL 32/1972.

52 Hoell, aaO, S. 147.

53 Hoell, aaO, S. 149.

54 Claus Peymann im Interview mit Susanne Schneider, aaO.

55 Hoell, aaO, S. 148.

56 Jacqueline Razgonnikoff: La vie d'un comédien. In: Journal des trois théâtres n° 15 (05/2005), S. 15-19. Quelle: comedie-francaise.fr [Dt. von MS]

57 Ebd.

58 Quelle: www.odysseetheater.org

59 Quelle: www.toutemoliere.net [Dt. von MS]

60 Christian Liedtke: Heinrich Heine. 2006. S. 190.

61 Michael Werner (Hg.): Begegnungen mit Heine. Berichte der Zeitgenossen. Band 2: 1847-1856. 1973. S. 99.

62 Heinrich Heine: „... und grüßen Sie mir die Welt" Ein Leben in Briefen. Hg. von Bernd Füllner und Christian Liedtke. 2005. S. 392.

63 Prof. Dr. med. Roland Schiffer: Das Leiden des Heinrich Heine. In: Fortschritte in der Neurologie, Psychologie, 2005, S. 30-43. Quelle: Deutsches Ärzteblatt 11/2005.

64 Vgl. Schiffer, aaO.

65 Quelle: de.wikisource.org/wiki/Heine's_Krankheit

66 Jan Christoph Hauschild und Michael Werner: Heinrich Heine. Eine Biographie. 1997. S. 572/573.

67 Hauschild und Werner, aaO, S. 619.

68 Susann Kreutzmann: Stefan-Zweig-Museum: Spurensuche nach einer kurzen, letzten Liebe. In: DER STANDARD vom 14.02.2015.

69 Ebd.

70 Quelle:de.wikisource.org/wiki/Abschiedsbrief_Stefan_Zweigs

71 Matthias Matussek: Tod im Paradies. In: SPIEGEL 12/2002.

72 Klaus Mann: Der Wendepunkt. 1976. S. 461.

73 Quelle: www.themedicalbag.com [Dt. von MS]

74 Mel Gussow: Tennessee Williams is dead at 71. In: NYT vom 26.02.1983. [Dt. von MS]

75 Quelle: www.themedicalbag.com [Dt. von MS]

76 Bernhard Viel: Egon Friedell. Der geniale Dilettant. Eine Biographie. 2013. S. 299.

77 Egon Friedell: „Le Grand Siècle" und „Essay über das Theater". Quelle: mdr.de

78 Viel, aaO, S. 293.

79 Quelle: de.wikipedia.org/wiki/Egon_Friedell

80 Viel, aaO, S. 294.

81 Viel, aaO, S. 298.

82 Quelle: www.weimarpedia.de

83 Johann Peter Eckermann: Gespräche mit Goethe, Gespräch 27. Quelle: eckermann.weblit.de

84 Wolfgang Krischke: Schattenspiele in der hellen Welt des Lichts. In: FAZ vom 28.03.2015.

85 Goethe zu Eckermann am 19.02.1829, zit. nach Johann Peter Eckermann: Gespräche mit Goethe in den letzten Jahren seines Lebens – Kapitel 116 . Quelle: gutenberg.spiegel.de

86 Peter Kaeding: August von Kotzebue. Auch ein deutsches Dichterleben. 2. Auflage 1987. S. 307.

87 Dieter Borchmeyer: Weimarer Klassik. 1994. S. 364.

88 Ferdinand Wilhelm von Scholz: Über August von Kotzebue als Mensch, Dichter und Geschäftsmann. Frankfurt/M. 1802. S. 4.

89 Tanja Langer: „Die erzählende Prosa ist eine Dame". In: DIE WELT vom 20.11.1999.

90 Quelle: virginiawoolfblog.com [Dt. von MS]

91 Ebd.

92 Virginia Woolf: Als Erfahrung großartig. Quelle: orf.at

93 Quelle: andcompany.livejournal.com

94 Quelle: www.abyssal.de, [bearbeitet von MS].

95 Schmitz, aaO, S. 347-348.

96 Quelle: andcompany.livejournal.com

97 Quelle: planetlyrik.de/wladimir-majakowski-gedichte-2/2014/04/

98 Quelle: aphorismen.de

99 Kurt Drawert: Nachwort. Quelle: planetlyrik.de/wladimir-majakowski-liebesgedichte/2012/09/

100 Quelle: www.shakespeare-online.com [Dt. von MS]

101 Ebd. Hier ist auch das ganze Testament von Shakespeare einsehbar.

102 Im Org. „BLESTE BE THE MAN THAT SPARES THES STONES,/AND CVRST BE HE THAT MOVES MY BONES".

103 Zit. nach www.shakespeare-online.com

104 DIE ZEIT vom 30.12.1960.

105 Die Aktion vom 11.12.1912.

106 Fritz J. Raddatz: Ich weiß, dass Rächer harren. In: DIE ZEIT 21/1987.

107 Ebd.

108 Ebd.

109 Ebd.

110 Schillers Werke. Nationalausgabe. Band 40 II, 1995, S. 368.

111 Wolfgang Hach: Schillers Krankheiten und seine Bestattungen. In: Phlebologie 2012 / 41. S. 27.

112 Charlotte Schiller und ihre Freunde. Auswahl aus ihrer Korrespondenz. Hg. von Ludwig Geiger. 1908. Einleitung XXVIII.

113 Lat. für Lungen- und Rippenfell

114 Lat. für Bauchfell

115 Quelle: www.kultur-fibel.de

116 Hach, aaO, S. 30.

117 SZ vom 07.10.2010.

118 Die Tagebücher finden sich online unter monacensia-digital.de und stehen dort auch als PDF zum Download bereit.

119 Org. *„Regrets pas être en état vous recevoir"* Zit. nach Marko

Martin: „Wer sein Leben verliert, der wird's erhalten". Vor 50 Jahren beging Klaus Mann Selbstmord – eine sentimentale Reise nach Cannes. In: DIE WELT vom 19.12.2015.

120 Ebd.

121 Ebd.

122 Ebd.

123 So Schwester Erika Mann über ihren Bruder. Zit. nach BR Kultur. Klaus Mann. Der labile Außenseiter. 03.11.2011.

124 Klaus Mann: Der Wendepunkt. 1976. S. 387-388.

125 Marianne Krüll: Zwei Väter, drei Söhne und der Tod. Der Senator Mann, Thomas Mann und Klaus Mann. In: Väter und Söhne. Zwölf biographische Porträts. Hg. von Thomas Karlauf und Katharina Raabe. 1996.

126 Dt. „Denn wer sein Leben erhalten will, der wird es verlieren; wer aber sein Leben verliert [...], der wird's erhalten."

127 Joseph Roth: Briefe 1911-1919. 1970. S. 249.

128 Egon Erwin Kisch: Briefe an den Bruder Paul und an die Mutter.1987. S. 297.

129 Harald Frohnwieser: Das tragische Leben eines genialen Trinkers. Quelle: www.alk-info.de

130 Ebd.

131 Vgl. Max Riccabona: Herr Roth im Café Tournon. Erinnerungen aus den letzten Tagen Joseph Roths. In: FAZ vom 10.09.1969.

132 Wilhelm von Sternburg: Joseph Roth. Eine Biographie. 2009. S. 484.

133 Ödön von Horváth. Ein Kind seiner Zeit. Hg. von Nicole Streitler-Kastberger. 2014. S. 8.

134 Andreas Kloner und Nikolaus Schulz: Sonnenuntergang im Wienerwald. Eine lange Nacht über Ödön von Horváth. [Sendung des Deutschlandfunks vom 02.06.2018]

135 Gabriella Rovagnati: Geschichten aus dem Spießerwald. In: DIE WELT vom 08.12.2001.

136 Peter Turrini: Horváths Gebeine. Abdruck in DIE PRESSE vom 07.11.2007.

137 SPIEGEL 16/1969.

138 SPIEGEL 52/1986.

139 Ebd.

140 Org. *„Is dying hard, Daddy?“ – „No, I think it's pretty easy, Nick“*

141 Nach Patrick Hemingway im Interview mit dem SPIEGEL 46/1994.

142 Richard Holmes: Death and destiny. In: THE GUARDIAN vom 24.01.2004. [Dt. von MS]

143 FAZ im März 2007, Quelle: www.alexander-verlag.com

144 Matthias Penzel und Ambros Waibel: Rebell im Cola-Hinterland – Jörg Fauser. 2004. S. 251.

145 Jörg Fauser: Trotzki, Goethe und das Glück. 1979.

146 Franz Josef Wagner: Tournee in den Tod. In: SPIEGEL 29/2007.

147 Download des gesamten Redemanuskripts über archiv.bachmannpreis.orf.at

148 Jean-Paul Mari: Le dernier vol de Saint-Exupéry. Quelle: www.grands-reporters.com

149 Quelle: „L'avion de ‚Saint-Ex‘ abattu par un de ses... admirateurs“. In : NICE-MATIN vom 16.03.2008.

150 Michael Berger: In Granada geschah der Mord. In: VORWÄRTS vom 23.12.2009.

151 So die Zeitung „Defensor de Granada“, zit. nach Heiner Hug: Der Tod eines andalusischen Hundes. Quelle: www.journal21.ch vom 19.08.2016.

152 Jörg Vogelsänger: Verscharrt „wie ein Hund“. Quelle: www.stern.de vom 17.10.2003.

153 Ebd.

154 Org.: *Vengo de darle dos tiros a García Lorca en el culo, por maricón."* Quelle: Gabriel Pozo Felguera: Hallado un retrato del que dio „dos tiros a García Lorca en el culo, por maricón. Artikel vom 19.03.2017 auf www.elindependientedegranada.es

155 Berger, aaO.

156 Ebd.

157 „Ich nehme alles zurück" – Vom Freitod deutscher Schriftsteller. In: DEUTSCHES ÄRZTEBLATT, Ausgabe 3389, 1986.

158 Klaus Brill: Ein Regenschirm als Ablenkung. In: SZ vom 05.11.2013.

159 Thomas Frahm: „Ein guter Mann, leider gehört er nicht zu uns" Georgi Markovs Exilreportagen über Bulgarien. In: SINN UND FORM 3 / 2013, S. 406.

160 Quelle: de.wikipedia.org/wiki/Georgi_Markow_(Schriftsteller)

161 Quelle: de.wikipedia.org/wiki/Pablo_Neruda

162 Klaus Ehringfeld: Pablo Neruda „höchstwahrscheinlich" doch ermordet. Quelle: SPIEGEL ONLINE vom 06.11.2015.

163 Ebd.

164 Angélique Mohn-Kuhn: L'asphyxie d'Émile Zola. In: LE TEMPS vom 07.08.2014.

165 Ebd.

166 Org. *„un malheureux qui avait sur le front un tatouage singulier: pas de chance"*. Charles Baudelaire. Œuvres complètes. S. 2353.

167 Zit. nach www.eapoe.org/geninfo/poedeath [Dt. von MS]

168 Quelle: www.eapoe.org

169 Frauke Velden-Hohrath. Wolf Graf Kalckreuth. Existenz – Übersetzung – Dichtung. Das lyrische Werk zwischen Todessehnsucht und Kriegslust. 1998. S. 12-13.

170 Wolf Graf von Kalckreuth. Schlummerschwarze Nächte. Gedichte. 2015.

171 Velden-Hohrath, aaO, S. 13.

172 Velden-Hohrath, aaO, S. 16.

173 Velden-Hohrath, aaO, S. 15, Fußnote 61.

174 Velden-Hohrath, aaO, S. 17

175 Velden-Hohrath, aaO, S. 32.

176 SPIEGEL 34/1954.

177 So bezeichnet sie Heinrich Böll im SPIEGEL 43/1973.

178 Ingeborg Bachmann. Werke 3. 1993. S. 334-335.

179 So nennt sie ihre Biographin Andrea Stoll, zit. nach DIE WELT vom 16.09.2013.

180 Schmitz, aaO, S. 213-214.

181 Bankl, aaO, S. 139.

182 Bachmann, aaO, S. 337.

183 Org. *"... and I shambled after as I've been doing all my life after people who interest me, because the only people for me are the mad ones, the ones who are mad to live, mad to talk, mad to be saved, desirous of everything at the same time, the ones who never yawn or say a commonplace thing, but burn, burn, burn ..."*

184 Org. *„That's not writing, it's typing."*

185 Org. *„I'm not a beatnik. I'm a Catholic."* Quelle: Joseph Lelyveld: Jack Kerouac, Novelist, Dead; Father of the Beat Generation. In: NYT vom 22.10.1969.

186 T.C. Boyle: Fleischeslust. Erzählungen. 1999.

187 Corriere della Sera vom 02.11.1977. Quelle: http://faustkultur.de/626-0-Harry-Oberlaender-Pasolini

188 Ulrich Ladurner: Die Mörder sind unter uns. In: DIE ZEIT. Ohne weitere Angaben.

189 Alexander Smoltczyk: Das Schweigen des Frosches. In: SPIEGEL 20/2005.

190 Ebd.

191 Ebd.

192 SPIEGEL 33/1957.

193 Ebd.

194 Quelle: www.kulturraumverdichtung.de/georg-trakl-grodek.htm

195 Ebd.

196 Ebd.

197 Ebd.

198 Ebd.

199 Ebd.

200 Ebd.

201 Ebd.

202 Ebd.

203 So Rimbaud in einem Brief an seine Mutter. Zit. nach Jean-Jacques Lefrère: Arthur Rimbaud. 2001. S. 1119. [Dt. von MS]

204 Ebd.

205 Ebd.

206 Léon Valade beschrieb Rimbaud als *„le plus effrayant exemple de précocité mûre que nous ayons jamais vu“*, zit. nach Jean-Jacques Lefrère : Parade Sauvage n° 14. 1997. S. 57.

207 Rimbaud: Œuvres poétiques et lettres choisies. 1998. S. 145. [Dt. von MS]

208 Jean-Jacques Lefrère: Arthur Rimbaud. 2001. S. 1157.

209 Lefrère, aaO, S. 1163.

210 Rimbaud, aaO.

211 Martin George u.a.(Hg.): Tolstoi als theologischer Denker und Kirchenkritiker. 2015. S. 545.

212 Volker Hage: Mit eigener Stimme. In: SPIEGEL 1/2009.

213 Tolstois Flucht und Tod, geschildert von seiner Tochter Alexandra. Hg. von René Fülöp-Miller und Friedrich Eckstein. 2008. S. 173. [überarbeitet von MS auf Basis diverser Übersetzungen]

214 Rosemarie Tietze: Der Tag, an dem Lew Tolstoi starb. In: DIE WELT vom 19.11.2010.

215 Heinrich von Kleist: Sämtliche Werke und Briefe 2. Hg. von Helmut Sembdner. 1994. S. 887.

216 „Ich nehme alles zurück“ Vom Freitod deutscher Schriftsteller. In: DEUTSCHES ÄRZTEBLATT A3389, 1986.

217 Quelle: www.kleistdaten.de (LS 534). Hier findet sich der komplette Obduktionsbericht von Heinrich von Kleist und Henriette Vogel.

218 Barbara Sichtermann und Joachim Scholl: 50 Klassiker Romane vor 1900. 2005. S. 38.

219 Der Orginaltitel lautet: L'Histoire du chevalier Des Grieux et de Manon Lescaut

220 Sichtermann und Scholl, aaO, S. 40.

221 Vgl. Jean Sgard: Vie de Prévost. 2006. S. 252 f.

222 Fritz J. Raddatz: Sterben ist Kultur. In: DIE ZEIT vom 23.11.2000.

223 Dt. „Schildgesellschaft“

224 Schmitz, aaO, S. 1329.

225 Raddatz, aaO.

226 Ebd.

227 Henryk M. Broder: Harakiri im Kleinen Haus. In: SPIEGEL 22/2000.

228 Org. *„une épave à bout de nerfs“* Zit. nach Joseph Vebret: Oscar Wilde, envers et contre tous. Quelle: salon-litteraire.com

229 Org. *„une pour écrire, l'autre pour l'insomnie“*. Zit. nach Vebret, aaO.

230 So Robert Ross in einem Brief an Adela Schuster vom 23.12.1900. Quelle: Oscar Wilde. Ein Leben in Briefen. Hg. von Merlin Holland. 2005. S. 579.

231 Im selben Brief an Adela Schuster zitiert Ross Wilde wie folgt: *„Of course he laughed and said he could never outlive the century as the English people would not stand it.“* Quelle: branchcollective.org

232 Oscar Wilde. Ein Leben in Briefen, aaO.

233 Rev. Edmund Burke: Oscar Wilde: The Final Scene.1961. Quelle: poetrymagazines.org.uk [Dt. von MS]

234 Oscar Wilde – Briefe. Hg. von Rupert Hart-Davis. Übersetzt von Hedda Soellner. Bd 1. 1966. S. 947.

235 Erich Kästner in: Die Weltbühne vom 4. Juni 1946. S. 22.

236 Michael Hepp: Kurt Tucholsky. 1998. S. 147.

237 Hepp, aaO, S.146.

238 SPIEGEL 10/1977.

239 Kurt Tucholsky: Politische Briefe. 1969. S. 16.

240 Quelle: tucholsky-gesellschaft.de

241 Hepp, aaO, S. 150.

242 Die Weltbühne vom 24.02.1931. S. 287.

243 So Tucholsky unter der Pseudonym Ignaz Wrobel. In: Die Weltbühne“ vom 04.08.1931.

244 Matthias Matussek: Wettlauf mit dem Tod. In: SPIEGEL 23/1991.

245 Hervé Guibert: À l'ami qui ne m'a pas sauvé la vie. 1990. S. 26. [Dt. von MS]

246 Matussek, aaO.

247 Philippe Lançon: Hervé Guibert est dans le journal. In: LA LIBÉRATION vom 27.12.2001. [Dt. von MS]

248 Lançon, aaO.

249 Auszug aus dem Gedicht „Goldener Hain“. Quelle: literaturnische.de

250 Quelle: de.wikipedia.org/wiki/Sergei_Alexandrowitsch_Jessenin

251 Ulrich M. Schmid: Des Dorfes letzter Dichter. In: NZZ vom 10.02.1996.

252 Heiner Müller: Shakespeare Factory 2. 1994. S. 202.

253 Quelle: www.planetlyrik.de/heiner-muller-muller-mp3/2011/07/

254 Wolf Biermann: Die Müller-Maschine. In: SPIEGEL, 2/1996.

255 Heiner Müller: Krieg ohne Schlacht. 1992.

256 Burkhard Lebert: Gesundheitspflege am Beispiel der europäischen Krebsvorsorge. In: Pflege. Begründet von Liliane Juchli. 10. Aufl. 2004. S. 466.

257 Quelle: www.planetlyrik.de/heiner-muller-muller-mp3/2011/07/

258 Biermann, aaO.

Register

Z

Der Autor

Martin Schnick, geboren 1966 in Andernach, studierte Germanistik, Romanistik und Philosophie in Mainz, Bonn und Paris. Zurzeit lebt er in Köln und ist als Werbetexter, Übersetzer und Theaterregisseur tätig. Todesdatum und -ort sind noch nicht bekannt.